단일 메뉴 하라

백종원 메뉴판 연구

단일 메뉴 하라
백종원 메뉴판 연구

초판 1쇄 발행   2019년 12월 02일

지은이   정효평
펴낸이   변선욱
펴낸곳   헤리티지(왕의서재)
마케팅   변창욱
디자인   꿈지락

출판등록   2008년 7월 25일 제313-2008-120호
주소   경기도 고양시 일산서구 일현로 97-11 두산위브더제니스 107-1306
전화   02-3142-8004
팩스   02-3142-8011
이메일   latentman75@gmail.com
블로그   blog.naver.com/kinglib

ISBN   979·11·86615·46·1   13320

책값은 표지 뒤쪽에 있습니다.
파본은 구입하신 서점에서 교환해드립니다.

이 도서의 국립중앙도서관 출판예정도서목록(CIP)은 서지정보유통지원시스템
홈페이지(http://seoji.nl.go.kr)와 국가자료공동목록시스템(http://www.nl.go.kr/
kolisnet)에서 이용하실 수 있습니다.
· CIP제어번호: CIP2019045755

영세한 사업자가 경쟁하지 않고 사업을 구축하는 제1 솔루션

단일 메뉴 하라
― 백종원 메뉴판 연구 ―

정효평 지음

선택권을 박탈하면 특별해지고,
선택권이 박탈당하면 만족도가 향상된다!

헤리티지
HERITAGE

비용 들이지 않고도
사업 모델과 수익 구조를
개선하는 법

자영업이 어렵다는 뉴스를 관심 있게 보기 시작한 건 3년 전 쯤이었어요. 자영업자가 5백만 명이 넘는다는 수치도 수치였 지만 폐업률도 높고 수익성도 터무니없이 낮다는 통계자료를 보면서 왜 그런 일이 생긴 건지 궁금했습니다. 그 생태계에 뭔가 문제가 있으리라 생각했고, 책을 읽고, 강의 듣고, 다양 한 자영업자들을 만나면서 해결방법을 찾기 위해 고민하는 시간을 보냈습니다. 그리고 그렇게 어렵지 않은 해결책을 찾 았어요.

어렵지 않다는 뜻은 비용을 들이지 않고도 사업 모델과 수 익 구조를 개선할 수 있다는 것입니다. 그런데 기존 자영업자 들이 이 변화를 시도하기 어려운 몇 가지 문제점을 안고 있다

는 것을 알 수 있었죠. 가장 큰 벽은 고정관념이었고, 두 번째
는 이 때문에 발생하는 임대료와 인건비로 귀결되는 높은 고
정비용이었습니다. 이미 여력 없이 모든 걸 걸었기 때문에 고
정비용을 감당할 여력이 없었고, 실패에 대한 두려움 또한 너
무 크다는 것이었습니다.

자영업은 늘 어려웠습니다. 항상 경기는 안 좋았죠. 실제로
많은 자영업자가 폐업하고 있습니다. 그런 시장에 죽어가는
골목상권을 살려보겠다고 등장한 공중파 방송 프로그램이
있습니다. 더본코리아의 백종원 대표가 진행하는 '골목식당'
입니다.

전체 자영업 중 폐업 업종 1위 '식당'!

하루 평균 3,000명이 식당을 시작하고, 2,000명이 폐업
한다!

모든 식당은 나름의 걱정과 문제를 갖고 있는 법!

천 개의 가게가 있다면, 천 개의 상황이 있다.

요식업 대선배 백종원 대표가 각 식당의 문제 케이스를 찾아내고 해결 방안을 제시!

식당을 시작하는 사람들에게 '교본'이 되어줄 프로그램!

이렇게 거대한 기획 의도를 표방하며 2018년 1월부터 인기리에 방영 중입니다. 그는 각종 메뉴의 레시피부터 주방의 정리 정돈, 청결 상태까지 전반적인 문제점들을 찾아 개선하고 심지어 식당 사장님의 정신까지 무장해주는 막중한 역할을 놀랍도록 잘 수행하고 있죠.

전국의 죽어가는 골목상권을 살려서 지역경제 활성화의 견인차 구실을 하고 어려운 자영업자들이 스스로 개선할 수 있도록 훌륭한 모델 역할을 한다고 생각합니다. 회를 거듭할수록 느껴지는 그의 진정성에 거듭 경의를 표합니다. 그가 추구하는 본질만을 보면 좋겠습니다. 그래서 존경하지 않을 수 없습니다. 그가 대통령 표창이라도 받을 수 있으면 좋겠습니다.

방영된 수많은 골목상권의 식당들은 정말 각양각색 자영업자들이 마주하는 처절한 현실을 적나라하게 보여주는 것 같습니다. 가히 자영업 시장의 축소판이라 할 만합니다.

프로그램을 몇 번만 보면 알 수 있습니다. 백종원 씨도 인정할 정도로 잘하는 분들은 애초에 잘하셨기 때문에 초보 창업자가 따라 하기 어렵다는 것을요. 그런데 반면교사가 되는 분들이 더 많다는 것도 알게 됩니다. '저렇게 장사해서야 되겠어?' 싶은 분들이 더 많다는 겁니다.

그 어렵게 운영하고 계시는 분들에게 백종원 씨는 나름의 경험을 바탕으로 솔루션을 제공합니다. 그런데 그 잘못하는 사장님들은 모든 게 서툽니다. 음식 솜씨가 없는 것은 물론이고, 손님 응대, 주방 정리 정돈, 청결 상태, 마음가짐까지 모두 부족합니다. 그 모든 것을 가르쳐 주고 해결책을 준다 해도 그걸 고치는 데 얼마나 걸릴까요? 심지어 거부하거나 변명으로 일관하는 분도 있죠. 장사가 안돼서 찾아간 건데…

물론, 적극적으로 개선하는 분도 계십니다. 하지만 대부분

쉽지 않습니다. 그 방송에 한 번 나와서 솔루션을 받는 것은 엄청난 행운일 수도 있다고 생각합니다. 그런데 또 그 행운마저 발로 차버리는 사장님들도 있습니다. 감사하거나 적용하거나, 지속할 줄 모르기 때문입니다.

방송에 출연했다고 해서 모두 대박집이 되는 것도 아닙니다. 더 빨리 망하는 곳도 있을 수 있습니다. 장사할 아무런 준비도 되지 않았기 때문입니다. 그렇게 기본기도 없는 사람이 넘쳐납니다. 그래서 참 다행입니다. 조금만 다르게 시작하면 경쟁 상대가 없기 때문입니다.

백종원 대표가 기존 자영업자들의 어려운 상황을 개선해주고자 밤낮으로 애쓰는 모습을 응원하면서 백종원 대표의 솔루션에 업그레이드된 저의 비즈니스 전략을 접목해서 경쟁하지 않고도 얼마든지 자신만의 독점사업을 구축할 방법을 알기 쉽게 풀어냈습니다.

더 나아가 예비창업자든 기존 창업자든 누구나 적용 가능한 가장 쉽고 빠른 확실한 해법을 안내해 드리고자 합니다. 아무런 준비가 되지 않은 초보조차도 확고한 방향성을 숙지하고 창업할 수 있도록 절대 망하지 않을 솔루션을 제공하겠습니다. 그 이유를 포함해서 말이죠.

어떤 특별하고 좋은 아이템으로 시장에 뛰어들어도 결국 시간이 지나면 경쟁하는 방식으로 갈 수밖에 없는 현실 속에서 이는 영세한 창업자가 선택할 수 있는 최선이라고 감히 자부합니다.

면도날 정기배송사업을 키워 무려 1조 원의 가격에 매각한 사례가 유명해지자 전 세계 곳곳에서 유사한 사업이 우후죽순 생겨났습니다. 살 안 찌는 건강한 아이스크림이 대박을 치자 유사한 경쟁사는 금방 또 생겨났습니다. 그들은 결국 경쟁하는 시장에서 차별성을 찾아 동분서주하겠지만 결국 더 뛰어나다는 것을 증명해야 합니다. 블루오션일 것 같았던 시장이 결국 레드오션이 되는 겁니다.

그중에서 여전히 살아남는 기업은 비주류에 주목합니다. 그렇게 자신만의 고객층을 확보한 사업은 경쟁하지 않기 때문입니다.

그래서 우리는 자신만의 고객을 확보할 치명적 승부수를 던져야만 합니다. 그것은 무엇일까요? '단 하나의 특별한 메뉴'입니다. 단일 메뉴, 그것은 영세한 자영업자가 경쟁하지 않고 자신만의 사업을 구축하기 위해 꼭 갖춰야 할 최강의 무기가 됩니다.

창업 전성시대를 살아가는 당신은 반드시 창업하게 됩니다. 꼭 해야 하는 창업이라면 경쟁하지 않고 이기는 방법을 마음 깊이 새기고 익혀서 치열한 생존경쟁에서 여유롭게 살아남을 수 있기를 바랍니다.

시중에 나와 있고 계속 나오고 있는 많은 창업과 운영에 관한 경험이나 지침서들은 치열한 경쟁을 통해서 우위를 점하고 더 잘하기 위한 소소하거나 꾸준히 노력해야 할 정보의

나열에 그치는 경우가 많습니다.

반복해서 말하지만, 경쟁을 통해서 이기는 것은 힘들뿐더러 대부분 고통스러운 결과를 맞이할 수밖에 없습니다. 그래서 결국, 모든 걸 잃게 될 경쟁하는 방식은 애초에 시작조차 하지 말아야 합니다.

이 책은 경쟁하지 않고 외부환경의 영향도 받지 않으면서 자신만의 영역을 확보할 방책을 논합니다. 장사를 시작하는 여러분의 건투를 빕니다.

2.
오직 하나만
제대로 팔아라

3.
버릴 수 있는 건
다 버려라

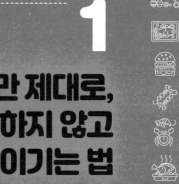

1

하나만 제대로,
경쟁하지 않고
이기는 법

골목상권, 100여 개의 식당에서 문제점을 찾아 개선하고 방향성을 진단해 주고 있는 백종원 대표의 솔루션 중에 가장 대표적인 것은 역시 메뉴의 단순화였습니다.

레시피를 개선해주고, 개별적이거나 전반적인 문제점을 해결해 주는 것은 상황에 따라 해법이 다 다르지만, 메뉴의 단순화는 상권 살리기의 가장 중요한 본질을 파헤친 것으로 생각합니다. 물론 아전인수격으로 해석했을 수도 있지만, 출연한 다양한 식당의 공통점은 자영업 시장의 축소판답게 지저분할 정도로 많은 메뉴였습니다.

백종원 대표의 대표적인 솔루션 방향이 바람직한 것은 대부분 장사가 잘 안되는 집의 공통점이 '다양한 메뉴'인 경우가 대부분이기 때문입니다. 방송이 종료된 뒤에도 끊임없이 줄 서는 식당은 다양한 메뉴를 버리고 단순화한 곳입니다.

그러나 이 '메뉴의 단순화'를 시도하기란 꽤 어려워 보입니다. 실력이 뒷받침되지 않거나, 일관된 맛을 유지하지 못해서 사정이 열악해져도 혹은 장사는 잘되지만, 육체적으로 버티기 어려운 상황임에도 그렇습니다.

그건 기존 자영업자들의 아주 작은 욕심 탓입니다. 다양한 메뉴를 찾는 모든 고객을 모든 시간에 받고 싶고, 고객은 왕이라는 생각으로 애초에 잘 못 시작했기 때문입니다. 정말 실력과 경력, 경험의 유무와 상관없이 한결같이 많은 종류의 메뉴로 시작합니다. 간혹 예외도 있긴 하지만 또 그 하나도 제대로 하지 못해서 손님이 없는 건 마찬가집니다.

그들은 말합니다. '… 안다… 아는데… 알긴 아는데… '라고 얼버무립니다. 진짜 사실은 그들이 모른다는 사실입니다. 그대로라면 곧 망할 거라는 것을요. 지쳐 쓰러지리라는 것을요. 그냥 열심히 하면 나아지겠지 하고 생각합니다.

그래서 알아도 아는 게 아닙니다. 경기는 점점 나빠지고, 모든 업종은 고도화되고, 실업률은 높아질 테니까요. 치열한 경쟁에서 더 큰 자본 앞에 도태될 일만 남았으니까요.

그런데 한 번 생각해 보면 알 수 있습니다. 처음이라 잘 모르는 초보 창업자가 많은 메뉴를 준비해서 시작하는 것과 한 가지 메뉴만 준비해서 시작하는 것 중에서 무엇이 유리할까요? 그 답은 천천히 찾아볼 계획입니다. 한결같은 건 다양한 메뉴로 시작한다는 점입니다. 그들의 답은 정해져 있는 듯 보입니다.

돈을 벌고 싶은 목적은 자신을 위한 것이 맞는데 창업의 방향은 고객을 위하기 때문에 모순적인 상황이 생기는 것입니다. 그런데 백종원 대표가 찾아간 식당 사장님들은 단순화를 요구하면 잘 팔리지도 않는 자신들의 메뉴에 집착인지 애착인지 모를 강한 거부감을 보이기도 합니다.

그래도 백종원 대표쯤 되니까 듣긴 듣습니다. 그 방법이 강압적이든 작위적이든 상관없습니다. 분명히 준비되지 않았다고 판단되는데도 굳이 다양한 메뉴를 고집하는 사장님들에게는 동시에 모든 메뉴를 주문하는 고객을, 매장 가득 메우도록 입장시켜서 그렇게는 도저히 감당할 수 없다는 것을 분명히 알 수 있도록 해 줍니다. 일부 시청자들은 지나치게 극단적이라고 비판하지만 딱 맞는 극약처방이라고 생각합니다.

경험이 많고 실력이 뛰어나다면 꼭 방송에 나오지 않더라도 소문은 나게 되고 그러면 많은 손님이 몰리게 마련이고 결국 맞닥뜨리게 될 상황입니다. 그런 상황이 되기도 힘들겠지만 되면 또 안 좋아집니다.

백종원 대표의 방식에 동의하는 이유는 그렇게 해서라도 다양한 조리법이 필요한 많은 메뉴가 얼마나 비효율적이고, 지치게 하고, 지속 가능하지 않게 만든다는 것을 알 수 있게 해주기 때문입니다. 그 가게 사장님뿐만 아니라 방송을 보는 요식업계의 사장님들도 보고 깨닫기를 그리고 실행할 수 있기를 바랍니다.

충분히 승산 있다고 판단한 집에서는 메뉴를 줄이는 것에 강한 거부감을 보인 사장님에게 각서를 써 주고서라도 메뉴를 줄이게 했습니다. 설령 시청률을 위해 인위적으로 연출된 상황일지라도 백종원 대표도 그만큼 자신이 있으니 제안할 수 있었으리라 봅니다.

지금 포화상태라는 자영업 시장에서 살아남기 위해서는 오직 하나만 팔아야 합니다. 하나만 팔기 위해 제대로 갖춰야 합니다.

그 제대로의 기준 따윈 없습니다. 기준이 있다면 오직 하나, 고객의 입에서 '와우'라는 감탄사가 나오게 하는 것입니다.

그게 무엇이든 상관없습니다. 크거나, 많거나, 비싸거나, 맛있거나 그중 하나면 됩니다. 다만 싸지만 않으면 됩니다. 그리고 작게 시작해야 합니다. 그러면 어디서 시작해도 상관없습니다.

이제부터 하나만 제대로 하는 방법을 알려드리겠습니다. 영세한 자영업자들에게 백종원 대표도 결국 제안하게 되는 최고의 솔루션입니다.

이것은 애초에 다르게 시작하는 것입니다. 작은 욕심을 버리고 거대한 욕심을 갖고 시작하는 겁니다. 그럼 그 의문점을 하나하나 풀어나가 보겠습니다.

단일 메뉴의 부가가치세 구하기

하나만 제대로 하려면 그 하나의 제품에 대한 부가가치세를 알아야 하지 않을까?

부가가치세는 상품 가격의 10%에 해당하는 금액을 구매하는 사람이 부담하는 비용이다.

통상 최종소비자를 상대로 하는 식당의 경우 고객에게 부가가치세를 포함한 비용을 받아야 한다. 그 돈은 부가가치세로 납부한다.

덮밥 하나를 파는데 부가가치세를 구하기 위해서는 먼저 부가가치세를 포함한 상품 가격을 잘 정해야 한다. 1만 원에 팔고 싶다면 부가가치세를 포함해서 1만1,000원에 파는 것이 좋다. 만약 1만 원에 부가가치세를 포함해서 팔고 싶다면 909원의 부가가치세가 포함되어 있다는 뜻이고, 그 돈은 사장님의 돈이 아니라 납부해야 할 세금이라는 것을 알아야 한다. 그러면 사장님이 파는 상품 가격은 9,091원이 되는 것이다. 1,000원 손해 보는 듯한 느낌이다. 그래서 1만1,000원에 맞춰서 파는 것이 맘 편하다.

상품을 1만1,000원에 팔 때 소비자로부터 받아 둔 부가가치세를 매출세액이라고 한다. 덮밥 한 그릇을 팔 때 받아 둔 매출세액은 1,000원이다. 그런데 그 덮밥을 만들기 위해 들어간 비용이 있다. 재료비 정도다. 그 재료를 사는 데 부가가치세 포함해서 3,300원을 냈다면 300원의 부가가치세를 지급한 것이다. 이때 판매자에게 낸 부가가치세를 매입세액이라고 한다. 덮밥 한 그릇을 만드는 데 필요한 재료를 사기 위해 지출한 매입세액은 300원이다. 납부해야 할 부가가치세는 매출세액에서 매입세액을 뺀 금액으로 700원이 된다.

일반과세사업자라면 추가로 신용카드매출세액공제 1.3%를 받으면 매출액의 1.3%인 130원을 공제받으므로 570원의 부가가치세를 납부한다.

간이과세사업자는 납부해야 할 부가가치세의 10%만 납부하면 된다. 그러면 70원이 된다. 그런데 추가로 신용카드매출세액공제 2.6%를 공제받으면 매출액의 2.6%인 260원을 공제받으므로 납부할 부가가치세는 없다. 다만 환급은 없다. 간이과세자로 시작하면 부가가치세가 없다고 보면 맞다.

보통 식자재 구입은 의제매입세액공제에 해당한다. 면세사업자에게 계산서를 받고 구입하는 내용이다. 통상 매입세액공제 비율이 7~8% 정도 수준으로 10%보다 조금 적은 비율로 공제해 준다고 보면 된다.

창업 포화시대를
대비하라

자영업 시장의 난리는 어제오늘 일은 아닙니다. 자영업자들의 정부와 세상을 향한 온갖 불평과 비난이 난무합니다. 그건 누구 탓일까요? 최저임금, 정책 부족, 아니면 불경기? 경기는 항상 지금이 가장 좋다는 우스갯소리도 있습니다.

그 모든 행복과 불행은 본인들 책임입니다. 모두 자신들의 선택에 따른 결과물입니다. 잘되면 내 덕이고 안되면 남 탓이죠. 그들의 실패는 아주 작은 욕심에서 비롯된 것입니다.

그들의 방식은 늘 같습니다. 언제든 어디서든 구할 수 있는 상품을 경쟁자들보다 더 싸게 더 많이 주려고 합니다. 다양한 메뉴를 찾는 고객을 놓치지 않으려고 모든 메뉴를 취급

합니다.

또, 다양한 시간에 찾는 고객을 놓치지 않기 위해 오랜 시간을 영업합니다. 유동인구와 상권에 집착하고 멋진 인테리어에 감당 못 할 많은 돈을 씁니다. 더 많이 벌기 위해 크게 시작하고 관리해본 적도 없는 그래서 감당하지도 못할 직원과 알바를 채용합니다. 고객을 왕으로 생각합니다. 그래서 늘 그들 모두에게 휘둘립니다.

치열한 경쟁의 시장에 뛰어든 자들은 모두 고통스럽습니다. 뒤처진 자들만 그런 게 아닙니다. 1등은 1등대로 고통스럽습니다. 많은 것을 팔고 있는 모두는 힘들게 버티고 있습니다.

그래서 1등부터 꼴찌까지 종류와 크기가 다를 뿐 모두 고통스럽습니다. 적어도 경쟁의 틀 안에서는 말이죠. 그래서 전 경쟁하지 않아야 즐겁게 살 수 있다고 말합니다.

창업 전성시대가 왔습니다. 정해진 틀대로 16년 이상 배우고 난 뒤 취직하거나 안 되면 창업합니다. 취직하고 시간이 흐르면 이직하거나 창업합니다. 그리고 장년층이 되거나 되기도 전에 이직도 어려워 퇴사하면 창업을 합니다. 어찌 됐거나 결국엔 창업합니다. 어쩌면 꼭 창업해야 하는 세상이 왔기 때문일 수도 있습니다.

급속한 노령화 사회는 이제 65세라 해서, 70세라 해서 여유로운 삶을 즐길 수 있도록 내버려 두지 않습니다. 노인을 위한 사회는 없습니다. 악착같이 더 오래 더 건강하게 살고 싶어지면 돈을 더 많이 벌고 싶어집니다.

그래서 안정된 수익 구조를 갖춰야 하고 남의 밑에서 일하느니 자기 사업이 돈을 더 벌기에 더 빠르고 쉬운 길 같습니다. 이렇게 창업을 합니다. 물론 잘하면 그럴 수도 있지만, 전략을 제대로 세우지 못하면 수익은커녕 전 재산을 순식간에 날려버리게 됩니다. 창업이라는 일생일대의 기회를 모든 것을 건 도박으로 바꿔버리기 때문입니다. 그런데 대부분 기회보다는 도박에 가까운 창업을 합니다.

1 제발 프랜차이즈로 시작하지 마라

매년 서울과 부산에서 1년에 두 번씩 창업 박람회가 열립니다. 많은 분이 다녀오셔서 잘 아시겠지만 창업 박람회라고 쓰고 프랜차이즈가맹점 모집이라 읽습니다.

그들의 90%는 요식업종입니다. 먹고 마시는 종류의 프랜차이즈. 이미 포화상태라는 카페와 치킨을 포함해 온갖 종류의 먹거리가 있습니다. 흡사 음식 박람회 같습니다. 거기서 거기인 다양한 메뉴와 멋진 인테리어를 보여주고 내세우는 특장점은 대동소이합니다.

가장 두드러지는 것은 각자의 차별화 전략입니다. 그냥 말 그대로 차별화된 전략이라고 그럴싸하게 포장했지만, 결국 치열한 경쟁 시장에 뛰어드는 하나의 방법일 뿐입니다.

어느 치킨 프랜차이즈 업체 상담 코너에 백발이 성성한 노부부가 앉아서 젊은 직원의 설명을 열심히 듣고 있었습니다. 그분들은 안정된 노후 생활을 위한 지속적인 수익 구조를 원했겠지만 전 그분들의 고통스러운 미래가 보였습니다. 직원을 써서 오토로 돌리든 직접 운영을 하든 결과는 다르지 않습니다. 아무런 준비 없이 프랜차이즈 창업을 생각하는 사람들의 미래는 통계가 보여주고 있습니다.

최근 4년간 치킨집의 경우 창업률보다 폐업률이 높다고 합니다. 그만큼 유지조차도 어렵다는 방증입니다. 자영업 시장 전체 폐업률이 워낙 높다 보니 통계자료 발표를 꺼리는지는 모르겠지만, 지표가 부족한 것은 사실입니다. 통계라는 것이 얼마든지 조작할 수 있다 하더라도 현상에 부합하는 내용은 분명히 있습니다. 그럼 어떻게 해야 할까요? 답은 이 책 곳곳에 계속 언급하고 있습니다.

경쟁에 지친 사람들 이야기는 너무 흔해서 모르는 사람이 없습니다. 왜 하나만 팔아야 하는지 알아야 합니다. 초보인 당신이 어떻게 팔아야 하는지 알아야 합니다. 하나만 팔면 누릴 수 있는 미래를 볼 수 있기를 바랍니다. 그래서 결국 경쟁하지 않는 자신만의 사업을 할 수 있다는 것을 알았으면 좋겠습니다.

영화 〈극한직업〉에는 '수원왕갈비통닭'이라는 정체불명의 메뉴가 불티나게 팔리는 설정이 나옵니다. 영화적인 요소라 현실성이 없는 부분이 있지만, 이는 수많은 맛집에서 증명해 낸 방식이기도 합니다. 갈빗집 아들이란 배경을 가진 형사가 튀겨낸 닭을 먹는 순간 동료들의 표정으로 알 수 있습니다. 감동했다는 것을요.

그들은 굳이 장사가 잘되길 바란 건 아니어서 어떤 형태의 광고도 하지 않았지만, 고객들이 알고 찾아옵니다. 그들은 다양한 소스도, 복잡한 메뉴도 없습니다. 오직 닭 하나만 잘 튀

겼고, 갈비 맛 양념 하나만 잘했습니다.

결코, 돈을 더 많이 벌기 위해서가 아니라 너무 힘들어서 더 적게 일하기 위해 가격을 올렸습니다. 닭 한 마리에 무려 36,000원이라는 터무니없는 가격이지만, 그래도 손님이 줄지 않자 한정 수량 팝니다. 하루 50마리입니다. 연일 조기 매진이 됩니다. 영화상 설정이긴 하지만 하나만 제대로 하는 아주 훌륭한 모델입니다.

하나만 제대로 했기 때문에 비싸게 팔고 더 적게 일하는 치킨집이 되었습니다. 모든 초보 창업자가 본보기로 삼기에, 충분한 시스템입니다. 멋지고 아름다운 간판이 아니라 현수막을 걸고 시작했습니다.

허름한 가게의 인테리어를 품격있게 새롭게 한 것도 아닙니다. 오직 본질, 치킨에만 집중했습니다. 그래야 합니다. 오직 본질, 하나의 상품에만 집중해야 합니다. 그러면 경쟁하지 않는 특별한 사업을 할 수 있습니다.

❷ 경쟁이 답이라고 배운 사람들

모든 그룹에는 잘하는 사람과 잘 못하는 사람이 있습니다. 전자는 소수고 후자는 다수죠. 그 잘한다는 사람들만 모인 전문가 그룹 안에도 서열과 우열이 있습니다.

예전에 한 해에 천 명씩 뽑던 사법연수원은 전국에서 내로라하는 수재들만 모인 곳이었습니다. 그런데 그 안에서도 1등과 꼴찌는 있었죠. 그 내로라하던 수재들이 경쟁에서 뒤처지고, 성적에 비관하고, 우울증에 걸립니다. 그것이 바로 경쟁의 결과와 실체입니다.

모든 경쟁하는 방식을 택한다면 그 안에는 상위 10%와 하위 90%가 있습니다. 경쟁에 익숙하고 더 잘하는 사람은 어떤 그룹에든 있습니다. 탁월한 재능이 있거나, 끈기가 있거나, 더 노력하거나, 억세게 운까지 좋거나 하는 수많은 사례가 널려 있습니다.

그 반대도 당연히 있습니다. 모두 다 잘할 수는 없으니까요. 문제는 대부분이 아무리 열심히 노력해도 하위 90%에 속한다는 것입니다. 더 큰 문제는 세상에 태어나서 말하기도 전부터 경쟁하는 것을 당연하게 생각하고, 평생 그 경쟁의 굴레에서 벗어날 생각을 전혀 하지 않는다는 것입니다. 대부분의 삶이 그렇습니다. 더 많은 시험에서 더 좋은 성적을 얻고, 자격을 얻기 위해 끊임없이 노력해 온 자신을 돌아보면 알 수 있습니다.

그렇게 결코 이기지도 못할 싸움을 계속하고 있는 사람들은 차고 넘쳐납니다. 굳이 나까지 거기 끼어서 내가 아니라도 누구든지 할 사람이 넘쳐나는 그 일을 해야 할까요?

굳이 내가 팔지 않아도 누군가는 팔고 있고, 팔 수 있는 상품을 다른 사람보다 더 좋은 품질로 더 싸게 제공하려는 그 미친(?) 짓을 해야 할까요?

아주 어릴 때부터 우린 경쟁에 길들어 왔습니다. 좋은 대학, 좋은 직장, 안정된 생활을 담보하기 위해서요. 대부분 이룰 수 없겠지만 그렇게 됐죠. 그 길을 벗어난다는 것은 도태되는 것이라고 배웠습니다. 그 길을 가더라도 결국 '루저'라는 꼬리표를 달고 다니는데도 그 안에서 헤어 나오지 못하는 이유가 뭘까요? 그 안에 있다는 안도감 아니면 낙오자가 될 것 같은 두려움?

하지만 계속 그 안에서 경쟁하며 산다면 결국 낙오자가 될 것입니다. 그게 더 큰 두려움이어야 합니다. 자신이 생지옥에서 살고 있다는 것을 인지하지 못하는 것.

장사에서 경쟁한다는 것은 결국 죽는 것입니다. 경쟁에서 이긴 상위 10%만 살아남을 테니까요. 경쟁의 끝은 대부분 가격으로 정리됩니다. 더 싸고 많이 주는 쪽이 이기는데 그 이기는 것도 이기는 게 아닙니다. 치킨게임이라고 들어보셨나요? 그러니 대부분의 평범한 사람들 처지에서 보면 죽을 때까지 죽음을 겪으며 산다는 것입니다. 우리를 둘러싼 대부분이 그렇게 살고 죽어가고 있습니다. 매일 매일 역대 최저 매출이라고 여기저기서 아우성입니다. 당신까지 그렇게 살 필요는 없지 않을까요?

그래서 당신이 해야 할 선택에 관한 얘길 하고 싶습니다. 하나만 제대로 하는 것은 새로운 것이 아닙니다. 이미 누군가는 했거나 하고 있는 것입니다. 많은 사람이 하지 않을 뿐이죠. 왜일까요? 아주 작은 욕심에 사로잡혀 있기 때문입니다.
경쟁률이 한낱 공포 유발자에 지나지 않는다면 어떨까요? 실제 경쟁 상대는 3배수 이내라고 보면 충분합니다. 그리고 그조차도 경쟁 상대는 아닙니다. 오직 하나만 제대로 하는 사람은 눈을 씻고 찾으려야 찾기가 어려울 테니까요.

예전에 방영된 슈퍼인턴의 모집 경쟁률이 600 대 1이라고 했던가요? 10명 선발하는데 6,000명이 지원서를 냈다던가요? 그 역시 허수일 뿐입니다. 변변히 할 것도 없고, 일은 하기 싫고, 좋은 거 있다니까 '인턴 지원서' 한 번 던져본 허수들이 넘쳐납니다.

서류심사에서 1차 합격한 100명 정도가 실(實) 경쟁자 같지만, 그 서류 낸 사람과 얘기 좀 나눠보면 별 볼 일 없는 사람이라는 걸 알 수 있다는 거죠. 좀 아쉬운 사람은 역시 3배수 정도였죠. 30명 내외.

560만이 넘었다는 자영업 시장도 마찬가지입니다. 지금 80만이 넘었다는 요식업도, 포화상태라는 말들은 그래서 무의미합니다. 그 안에는 그냥 먹고살아야 하는데 할 게 없어서 한다는 사람이 80%에 달해요. 그래서 참 다행입니다. 하기만 하면 이길 가능성이 매우 크기 때문입니다.

③ 다르게 시작할 준비를 하라 : 작게 또 작게

만약 당신이 창업을 준비하고 있다면 절대 명심하세요!

모든 노력은 강도보다 방향성이 중요합니다. 올바른 방향이면 금방 성과를 낼 수 있는 일도, 엉뚱한 방향으로 시간과 에너지를 낭비하면 아주 좁은 강조차 건널 수 없습니다. 마치 눈을 감고 노를 젓는 것과 같습니다. 작은 욕심을 버리고 큰 욕심을 가져야 합니다.

남들이 다 파는 걸 굳이 당신이 팔아야 할 때는 남들을 이기기 위해서는 '더 싸게, 더 좋게, 더 많은 서비스'가 필요합니다.

하지만 그건 당신처럼 여기저기서 끌어오고, 탈탈 털어 모은 돈이 몇억밖에(?) 안 되는 영세한 자영업자가 취할 선택지가 절대 아닙니다. 그건 기업의 영역에 맡겨 두세요. '사딸라'에 달라고 떼쓰는 유명한 배우가 나오는 햄버거는 맛도 양도 엉망이지만 팔리긴 합니다. 다만 줄을 서지는 않지요. 대형마트에서 통 크게 치킨 한 마리를 5천 원에 판다고 해서 대기업이 영세 자영업자 죽이려는 거냐고 욕하면서 경쟁할 필요 없습니다. 그런 생각은 안 해도 됩니다. 다시 사 먹을 일 없는 딱 가격

만큼의 품질일 뿐이니까요. 만약 자부심을 품고 튀기고 있다면 더 잘하기 위해 노력하세요.

경쟁하지 않는다고 해서 특별한 아이템을 찾으란 얘기가 아닙니다. 영세 자영업자답게 시작하세요.

창업을 준비한다면 하나만 제대로 준비해서 최대한 작게 시작하세요. 창업을 준비한다면 애초에 다르게 시작하셔야 합니다. 큰돈을 들여서 한번 잘 못 들어서면 아무리 좋은 방법이나 기회가 있다 하더라도 변화를 시도하기 어렵습니다. 하루하루 매출에 연연해야 하기 때문입니다. 혹시 잘 안되면 어떡하지? 그러면 망하니까 그러면 안 되니까 두려움이 너무 크기 때문입니다. 그런데 안타까운 건 그대로 가면 결국 망한다는 거죠. 절대 그들이 걸어간 '죽음의 길'로 들어서지 마세요.

기존 자영업자들이 가장 힘든 이유는 지금 운영이 어렵지만 포기할 수 없는 상태라는 것입니다. 이미 발생하거나 투자한 비용에 얽매여서 합리적인 결정에 제약을 주는 현상을 '매몰 비용 효과(sunkcost effect)'라고 합니다. 매몰 비용이 그들을 무리하게 하고, 포기하지 못하게 만듭니다.

오래 장사한 사람들은 대부분 컨디션이 최악입니다. 항상 그렇죠. 그런데도 해야 합니다. 매출에 얽매여서 쉴 수가 없는 것이죠. 하루도 쉬지 않고 일하는 자영업자들도 많습니다.

그들은 모든 것을 잃고 있다는 것을 모릅니다. 인지하더라도 멈출 수가 없습니다, 그냥 하루하루 돈 버는 게 유일한 길입니다. 그런데 또 장사가 안됩니다. 악순환이죠. 본전 생각에 아무것도 포기할 수 없습니다. 그래서 지금 그들은 너무 위험한 상태입니다. 하루하루가 지옥인 사람들이 너무 많습니다. 하물며 자기 삶이 생지옥이라는 걸 모르기도 합니다.

작게 가볍게 시작해야 하는 이유는 분명합니다. 인간의 뇌는 손실에 민감합니다. 항상 매몰 비용 때문에 무리수를 두게 됩니다. 합리적인 판단을 하기에 이미 늦은 상태인 거죠.

이미 시작한 후에 비관적인 결과가 뻔히 예측되는 상황인데도 사업투자를 지속하기로 판단하는 경우는 너무 많습니다. 망할 게 뻔해 보이는 순간에도 강력하게 작용하는 '손실 회피(여기서 멈추면 손실이 확정되는 상황을 인정하고 싶지 않은)' 감정으로 합리적인 판단을 내리지 못하고 모든 걸 잃게 됩니다. 언젠가는 회복할 거라는 막연하고 근거 없는 희망뿐이죠.

시작하고 얼마 지나지 않아 잘못됐거나 경쟁 상대가 많아서 수익을 내기 어렵다고 판단될 때 초기 투자금이 적을수록 포기하기 쉽습니다. 그런데 그런 경우(투자금액이 적은 경우)는 거의 없습니다. 투자금액이 거의 전 재산에 가까우면 고전을 면하기 어렵다는 판단이 들어도 쉽게 포기하지 못합니다. 손실이 확정되기 때문에 망설이게 됩니다. 그러다 망하고 맙니다. 선택의 여지가 없다고 보면 됩니다. 저도 그렇게 모든 것을 걸었고 잃었습니다.

프랜차이즈로 오픈하면 일주일에서 한 달 안에 느끼는 심리 상태입니다. 그래서 더 열심히 일하게 됩니다. 모든 돈을 쏟아부은 프랜차이즈 창업자가 목욕탕에 앉아서 만약 창업 전으로 되돌아갈 수 있다면 지금 앉아 있는 이 목욕탕 물을 다 마실 수도 있겠다는 자조 섞인 한탄은 남의 일이 아닙니다.

무조건 적은 돈으로 시작해야 합니다. 행동하기가 가볍기 때문이죠. 그리고 하나만 제대로 하는 것은 모든 선택과 행동에서 가볍습니다.

지난 사업의 실패에 집착하는 것은 결코 도움이 되지 않습니다. 새로운 미래를 준비해야 할 때입니다. 창업하기 전에 한 푼도 쓰지 않은 당신이, 아무것도 계획하지 않은 당신이 제발 행복하길 바랍니다. 그 돈 꼭 움켜쥐고 계세요.

사업자 등록 시기

사업을 준비하면서 해당 지번이 간이과세사업자 등록이 가능한지 아닌지 파악한 다음에 점포 임대차 계약을 하고 간단하게 수리도 하고 인허가 등록사항을 확인해야 한다. 그런데 사업자 등록 전에 사업과 관련한 비용 지출 내역을 부가가치세 매입세액공제와 종합소득세 필요경비 처리를 받기 위해서는 사업자 등록 시기를 잘 알아야 한다.

어렵지 않다. 1년 중 6개월로 나누는 두 번의 과세기간과 과세기간 종료 시점으로부터 25일~30일간의 신고기간을 알고 있기만 하면 된다. 그리고 모호한 시점만 피하면 된다.

만약 6월까지 비용을 썼는데 7월 20일까지 사업자 등록을 하지 않으면, 그러니까 7월 21일 사업자 등록을 한다면, 그 전 과세기간 동안 지출한 비용은 다음 신고기간에 부가가치세 세액공제와 종합소득세 필요 경비처리를 받을 수가 없다.

애매한 시기는 피하되 점포 계약을 하고 물품을 사는 등의 비용지출이 시작될 즈음에 사업자 등록을 해 버리는 것이 좋다.

간이과세사업자는 혜택을 가장 오래 받을 수 있는 1월 등록이 제일 유리한다. 간이과세사업자는 신규 등록 후 해당 과세기간 동안 연 매출 4,800만 원을 초과하면 다음 해 7월 1일 자로 일반과세사업자로 자동

전환되고 우편물이 날아오지만, 고지가 누락되는 경우도 간혹 있다. 스스로 잘 알아서 자신의 과세유형에 맞는 사업운영을 찾아야 한다.

주의해야 할 점은 간이과세사업자로 시작한다 하더라도 동일인 명의의 사업장을 2개 이상 등록하지 않는 것이다. 일의 난이도와 상관없이 세금 측면으로만 봤을 때 동일인 명의의 사업장 매출 합계가 4,800만 원을 넘으면 같은 조건으로 일반과세사업자로 전환된다.

장사의 공식 따윈 잊어라

헛된 믿음이 판치고 거짓이 오랫동안 통용되면서 친숙하게 느껴지고 상식이라는 이름으로 자리를 잡으면 엉뚱한 길로 가기에 십상입니다. 누군가와 대화를 하다가 고정관념이라는 높고 커다란 벽을 만날 때 전 미련 없이 돌아섭니다. 그 벽을 허문다는 것은 너무나 비효율적이기 때문입니다.

우리 뇌는 오랫동안 굳어진 자신의 판단을 확신할수록 주장과 사실을 구분하지 못하고, 자신의 판단을 의심하지 않으므로 스스로 노력하고 버리지 않는 한 웬만해선 그 벽을 허물 수 없습니다.

다양한 메뉴를 고집하는 사람, 유동인구와 좋은 상권에 대한 확신을 가진 사람들을 만납니다. 더 나아가 경제학, 경영학 이론에 근거해서 철저한 준비부터 하는 분들도 있습니다. 물론 대부분은 전문가에게 맡깁니다.

복잡하고 어려운 마케팅 용어들을 들먹이기도 합니다. 시장과 소비자의 유형, 패턴, 변화 양상 등에 대한 분석결과도 있습니다. 각종 지표를 분석해서 에스티피(STP) 전략이니, 스왓(SWOT) 분석이니 하면서 이해하기도 어려운 두꺼운 기획서로 시작하는 스타트업도 있습니다.

투자처를 찾아 나서기도 합니다. 나름의 논리도 탄탄합니다. 그것이 우위를 선점하는 방식이라고 여깁니다. 하지만 정부나 공공기관에서 실제로 창업지원금을 받는 결과를 보면 겉치레보다 본질에 집중하고 해당 콘텐츠로 선 매출을 내는 창업자들의 손을 들어주고 있다는 것을 알 수 있습니다.

실제 기존 틀에 박힌 방식대로 다양한 메뉴를 갖추고, 유동인구와 소비자 성향과 상권을 분석하고 시작한 대부분 자영업자가 폐업위기를 맞고 있습니다. 특급 상권에도 임대 안내문이 널렸고, 계속 업종이 바뀝니다.

반면 대부분 유명한 집은 그것 하나만을 오랫동안 해 온 집이라는 것을 알 수 있습니다. 그리고 구석진 곳에 있는 경우가 허다합니다. 굳이 비싼 임대료 내고 할 이유가 없기 때문입니다. 창업 시장에 공식처럼 굳어진 창업 박람회와 프랜차이즈 창업의 그늘에서 벗어나세요. 처음이라 잘 모르는 영세한 초보 창업자가 갈 길은 절대 아니기 때문입니다.

더는 유동인구와 상권에 매달리는 구태의연한 방식은 안 됩니다. 그런데도 '처음이라 잘 모르니까 프랜차이즈로 시작하겠다'라고 하는 분들에게 더 해 줄 말이 없습니다.

똑같은 정보를 가지고 똑같은 상황에서도 잘하는 사람과 못하는 사람은 있습니다. 같은 프랜차이즈 매장인데 어떤 매장은 잘되고 어떤 매장은 망합니다. 분명히 같은 분석을 하고 준비했는데 말이죠. 개인차 때문입니다. 이렇게 세상 어디든 우열은 있습니다. 그런데 대부분 아주 평범하고 잘 못 합니다. 2:8 혹은 1:9 정도 될까요? 누군가는 토끼와 거북이에 비유하기도 하던데요. 우리 대부분은 산을 누가 먼저 오르는지 토끼와 내기하는 거북이 같다고요. 대부분 토끼는 동화 속 토끼와는 다르게 쉬지 않고 열심히 달립니다. 그런 토끼를 따라잡을 수 있는 거북이는 없습니다. 이제 육지에서 부질없는 싸움 그만하고 바다로 돌아가야 합니다. 자신이 잘할 수 있는 일들이 무궁무진한 보물 창고로 가야 합니다. 그곳으로 가서 오직 하나에만 집중해 보세요.

당신이 해야 할 일이 많다고 생각해 봅시다. 쉬울까요? 잘할 수 있을까요??

당신이 해야 할 일이 딱 하나뿐으로 생각해 봅시다. 쉬울까요? 잘할 수 있을까요?

그러면 어느 쪽이 더 쉬울까요? 어느 쪽이 더 효율적일까요? 어느 쪽이 더 돋보일까요?

월세의 세금 문제

임대료는 부가가치세 매입세액공제가 가능한 몇 안 되는 항목 중 하나다. 앞서 간략 부가가치세 설명에서 이해했겠지만, 부가가치세를 신고하고 납부할 때, 6개월 혹은 1년간 임대인에게 지급한 월세에 포함된 부가가치세는 매입세액이 된다.

조건은 임대인이 일반과세사업자로 세금계산서를 발급해 주는 경우다. 간혹 임대인이 간이과세사업자라서 세금계산서를 발급할 수 없을 때는 월세만 받아야 하지만 부가가치세까지 포함한 금액을 달라고 요구할 때가 있다. 대부분은 이런 상황에서 어쩔 수 없이 주게 되는데 부가가치세 매입세액공제는 받을 수 없지만, 지급한 월세 전액을 종합소득세 신고 시 필요경비 처리할 수 있다.

만약, 월세가 55만 원일 때 임대인이 일반과세사업자라면 부가가치세에 해당하는 5만 원의 누적합계는 부가가치세 신고 시 매입세액공제를 받을 수 있다. 일반과세사업자라면 6개월마다 신고하고 30만 원의 매입세액공제를 받고 1년간 두 번의 부가가치세 신고를 하면 총 60만 원의 부가가치세 매입세액공제를 받을 수 있다.

간이과세사업자는 1년에 한 번만 신고하고 총 60만 원의 부가가치세 매입세액공제를 받을 수 있지만 납부할 부가가치세 자체가 없을 것이 므로 굳이 월세에 부가가치세를 포함해 지불하지 않아도 되면 그렇게 해도 괜찮다.

월세의 경우 종합소득세 신고 시 적격증빙을 수취하지 않아도 적격증 빙미수취 가산세 2%를 부과하지 않기 때문에 임대인이 간이과세사업 자라서 매입세액공제를 받지 못한다 하더라도 속 끓이지는 말자. 1년 치 월세 660만 원은 필요경비 처리가 가능하다.

다만, 월세를 입금한 금융거래 내역과 임대계약서를 잘 챙겨둬야 한 다. 제출하는 서류는 아니지만, 소명용으로 보관하고 있어야 한다. 필 요경비 처리를 위해서는 정해진 서식에 따라 송금명세서는 작성해서 제출해야 한다. 그런데 소규모로 시작한 신규사업자라면 다음 해 종합 소득세 신고 시 추계신고를 하면 증빙자료를 준비하지 않아도 된다. 음식업 같은 경우 매출액의 90% 정도까지 경비로 인정해 주기 때문 이다. 이 부분은 뒤에 좀 더 자세히 다뤄보자.

장사는 심리학이다

무언가를 선택하라고 하면 대부분 망설이거나 선택하지 못합니다. 선택지가 많으면 많을수록 심해지죠. 어차피 우리는 모두 결정 장애가 있기 때문입니다.

우리는 늘 현명하지 못한 결정을 하거나 잘못된 선택을 합니다. 항상 그렇다는 건 아니지만 아주 빈번하게 그런 경험을 합니다. 특히 소비할 때 그러죠. 그런 결정은 되돌릴 수도 있고 아주 잠깐의 후회로 마무리할 수 있는 경우가 대부분입니다. 나 하나만의 문제라면 굳이 책임을 져야 하는 상황까지 가지는 않습니다.

짜장면을 먹으려다 짬뽕을 먹고 나니 괜히 먹었다고 후회하는 건 잠깐이죠. 책임질 일도 없어요. 굳이 늦은 밤 야식을 시켜 먹고 다음 날 아침 퉁퉁 부은 눈을 보며 후회할 수도 있고, 불어난 뱃살에 대한 책임감으로 좀 더 열심히 운동해야 할 수는 있습니다.

이렇게 무언가를 살 때는 삶에 그렇게 치명적이거나 돌이키기 어려운 일들은 별로 없어요. 터무니없이 비싼 물건이라 하더라도 말이죠.

그런데 선택이란 문제를 전혀 다른 관점에서 볼까요? 장사를 시작하는 당신은 그러니까 파는 쪽에 서야 하는 당신은 어떤 선택을 해야 할까요? 이건 장사를 시작하면서 가장 먼저 고민해야 할 선택권을 박탈하고 박탈당하는 얘깁니다. 파는 쪽에서는 선택권을 박탈하는 방식을 택해야 합니다. 왜냐하면, 사람은 선택의 여지가 없을 때보다 선택을 해야 하는 상황에 더 스트레스를 받기 때문이죠.

비가 올 확률이 100%라면, 혹은 비가 오고 있다면 그냥 우산을 들고 나가면 됩니다. 그런데 비가 올 확률이 50%라면? 챙겨야 할지, 말아야 할지 고민하는 상황은 스트레스를 유발합니다.

모든 일이 다 중요하게 느껴지나요? 그 중요한 모든 일을 다 열심히 최선을 다한다면 바쁠 겁니다. 바쁘게 산다고 해서 효율성이나 생산성이 향상될까요? 그렇게 열심히 산다고 해서 행복한 삶을 찾을 수 있다고 보장할 수 있을까요? 그렇지 않다는 걸 온 세상 사람들이 보여주고 있습니다.

선택적 노력이 그리고 올바른 방향성이 모든 성과를 창조합니다. 모든 것이 행복한 삶을 위해서 똑같이 중요하지 않다는 것을 반드시 명심해야 합니다.

당신이 잘할 수 있거나 잘하는 것이 많을 겁니다. 압니다. 하지만 추구하는 목표에 도달하기 위해 꼭 해야 할 일만 해야 합니다. 그래야 이길 수 있어요. 누구로부터든, 누구와 붙든 말이죠. 그래야 즐길 수도 있습니다.

반드시 지켜야 하는 것이 무엇인지 정해야 합니다. 전 행복한 삶에 방점을 찍었습니다. 그 일이 당신이 처음으로 해야 할 일이 될 수도 있고, 해야 할 유일한 일이 될 수도 있습니다.

하나만 하는 것이 여러 가지 일을 하는 것보다 훨씬 효율적이라는 연구결과를 굳이 들먹이지 않더라도 얼마나 당신이 목표로 하는 지점, 그러니까 행복한 삶에 효율적으로 다가갈 수 있는지는 너무나 분명합니다.

1 선택권 박탈의 심리학

인간의 뇌는 계속 자신의 선택을 합리화할 명분을 찾으려고 노력합니다. 당신이 아주 평범한 사람이라면 스스로 내린 판단과 선택을 합리화하려고 노력하게 될 것입니다. 따라서 애초의 판단이 올바른 결정이 되기 위해서는 합리적인 기준을 세워야 합니다. 그게 먼저입니다. 고객의 선택권을 박탈하기 위해선 당신의 올바른 선택이 먼저입니다. 당신이 먼저 선택권을 박탈당하고 나면 고객의 선택권을 박탈할 수 없기 때문입니다.

그래서 반드시, 절대, 프랜차이즈로 시작하지 말아야 합니다. 선택하고 돈을 내는 순간부터 고객에게서 박탈해야 할 선택권을 스스로 박탈당하고 시작하기 때문입니다. 그건 앞으로 이 책에서 제시하는 그 어떤 것도 적용할 수 없게 됩니다. 만약 프랜차이즈 계약을 해지할 수 없다면 이 책은 읽지 않는 것이 당신의 정신건강에 이롭습니다.

선택이 어려운 이유는 여러 사람에게 그 선택의 결과가 엄청난 영향을 미치기 때문에 책임에 대한 부담감이 커서입니다. 그럼, 종류가 많을수록 더 나은 선택을 할 수 있을까요?

선택의 역설이라는 문제에서 유명한 잼 판매 실험이 있습니다. 6종류의 잼을 진열했을 때와 24종의 잼을 진열했을 때 고객들이 관심을 보인 비율은 40%와 60%였습니다. 24종의 잼을 진열했을 때 관심도가 20%나 높았습니다.

그런데 실제 구매 확률을 살펴보니 24종의 잼을 진열했을 때는 구매율이 3%에 불과했습니다. 반면 6종의 잼을 진열했을 때는 구매율이 30%나 됐죠. 제목은 자극적으로 '종류를 줄였더니 판매율이 7배나 뛰었다'라고 뽑았습니다. 이 실험을 통해 "사람이 동시에 처리할 수 있는 정보량에는 한계가 있다"라는 결론을 내렸어요.

선택 항목이 지나치게 많으면 뇌는 선택 장애를 일으키고, 결국 구매 의욕을 꺾습니다. 게다가 잼 종류가 적은 부스에서 상품을 구매한 손님의 만족도도 높았다는 결과도 나왔죠.

선택지가 많을 때 만족도가 낮은 이유는 어쩌면 당연한 결과일지도 모릅니다. 맛이 없을 때 잘못 선택한 것을 후회하게 되고, 맛있었다 하더라도 다른 게 더 맛있을지도 모른다는 아쉬움도 생기는 걸 보면 선택지가 많다는 건 결국 후회와 아쉬움을 남긴다는 겁니다. 잘못된 선택을 하지 않을까 하는 걱정이 망설임으로 이어지고 결국 선택 행위 자체를 포기하게 되거나 구매율이 낮을 수밖에 없는 거죠. 어딘가에 '아무거나'라는 메뉴가 종종 생겨나는 이유는 그런 상황을 해결해 주고 싶은 누군가의 친절이 아닐까요?

선물을 주고받을 때도 같은 결과를 가져온다는 미시간 대학 연구팀의 연구결과도 있습니다. 선물을 주는 쪽에서 그에게 꼭 필요할 것 같은 여러 가지를 주는 경우가 있는데요. 받는 사람으로서는 느끼는 가치가 오히려 떨어진다는 겁니다. 선물하려거든 딱 하나만 해 주세요. 비교하지 못하게요.

이렇게 선택지가 많을수록 고객들은 지치고 힘들어집니다. 사실 그들의 지치고 힘듦은 중요하지 않습니다. 중요한 건 그 많은 선택지를 제공하는 당신이 힘들어진다는 것입니다. 지친 당신은 오랫동안 일할 수 없을 것입니다. 한두 달 하고 말려고 시작한 장사가 아니지 않나요?

장사할 때 '서비스 정신'이라는 명목으로 더 많은 선택지를 준비하는 사장님이 있습니다. 고객에게 자신이 더 많은 선택권을 제공한다며 내심 뿌듯해할지 모르겠지만, 알고 보면 그야말로 실속 없는 자기만족에 지나지 않는다는 거죠. 누구에게도 도움이 되지 않습니다.

골목식당에 방영된 가게 중에 메뉴가 21가지가 넘는 돈가스 전문점이 있었습니다. 부부가 둘이서 하는 가게였는데 백종원 대표가 돈가스가 맛있다며 극찬(?)했습니다. '가격을 올려도 되겠다, 메뉴를 줄여라' 하는데도 메뉴 못 줄입니다. 아내는 그 전부터 주장했던 내용인데 남편은 꿈쩍도 안 했죠. 저 알량한 '서비스 정신' 때문에요. 이것저것 찾는 고객들을 실망하게 할 수 없다고요.

그렇게 버티다 백종원 대표가 '메뉴를 줄이고 매출이 떨어지면 책임지겠다'라는 각서를 쓰고서야 메뉴를 2가지로 줄였습니다. 그리고 새벽부터 줄 서야 먹을 수 있는 식당이 되었습니다.

어떤 실험이든 간에, 어떤 심리학적인 배경을 갖다 대든 분명한 건 하납니다. 무조건 사업은 '사장이 왕'이어야 한다는 것입니다. 어쭙잖게 고객을 위한답시고, 이것저것 해달라는 거 다 해주면 망합니다. 쉬운 사장이 됩니다.

어려운 사장이 되어야 합니다. 까다로운 사장이 되어야 합니다. 그러려면 심리전에서 이겨야 하고 한정 판매여야 합니다.

제가 늘상 얘기하지만, 고객들은 무료나 할인이나 이벤트 등의 싼 것에 감동하지 않습니다. 잠깐이라도 싸게 살 수 있어서 고마워할 수는 있겠지요. 그런데 언제까지 그렇게 팔 수는 없으니 다시 올려야 합니다. 그러면 안 삽니다. 경쟁자가 있다면 치킨게임(단가경쟁)도 하게 되겠죠. 한 번 싸게 판 물건은 제 값 받고 팔기 어렵습니다. 거래에 길들면 회복하기 어렵기 때문입니다.

이스라엘의 탁아소에서 어떤 실험을 했습니다. 정해진 시간에 아이를 데리러 오지 못하는 부모들은 미안한 마음이 들었습니다. 그런데 이들에게 벌금을 부과하자 미안한 마음이 사라지고 지각은 더 빈번해졌습니다. 미안한 마음을 상쇄시킬 수 있는 벌금을 내면 되니까요. 그런데 벌금을 없앴는데도 지각은 오히려 더 늘었습니다. 공짜 지각을 즐기게 된 것입니다.

이처럼 뇌는 거래에 한 번 길들면 다시 원상 복구되기 어렵습니다. 할인이나 이벤트 등을 영세한 자영업자가 하면 안 되는 이유입니다. 고객들을 싼값에 길들이면 망합니다.

제가 사는 동네는 번화하진 않습니다. 카페가 서너 군데 있었는데 최근에 보니 열 군데 정도 되는 것 같습니다.

최근에 오픈한 프랜차이즈 카페가 있습니다. 세 종류의 커피를 5백 원에 팔고 있었습니다. 오픈 할인 이벤트라고 합니다. 이렇게 팔면 안 되는 것 아니냐고 여쭤봤더니 안 된답니다. 홍보 차원에서 열흘간 판매하는데 앞으로도 많이 이용해 달랍니다. 굳이 하지 않아도 될 홍보를 돈 들여서 하고 있습니다. 어차피 사 먹을 사람은 사 먹을 텐데요. 거기 있는 걸 몰라서 안 오는 게 아니니까요. 오히려 고객들을 싼 가격에 길들지나 않으면 좋겠습니다.

비쌀수록 도도할수록 고객은 당신을 어렵게 생각하고 좋은 상품을 살 수 있는 것에 고마워합니다. 그리고 비싸게 팔수록 진상은 급격히 줄어듭니다. 명품과 콩나물 얘기는 흔한 사례죠. 당신이 편하고 즐겁지 않은 사업은 결국 재미가 없습니다.

노력하는 놈은 즐기는 놈을 이길 수 없다고 했던가요? 제가 즐기면서 하는 이 일을 이길 수 있는 사람은 저보다 미치도록 즐겁게 일하는 사람뿐입니다. 햄릿 증후군이라고 해야하나요? 이래야 하나 저래야 하나 그것이 문제로다….

결정 장애가 일반화되어 있는데도 자영업자들은 엄청난 선택지를 들이밀고 있습니다. 고객의 선택권을 박탈해야 합니다. 그들이 아무것도 고를 수 없게 하세요.

❷ 못 사게 하라고?

항상 경험하게 되는 일이 있습니다. 하고 싶은데 할 수 없는 것들과 해야 하는 데 하기 싫은 것들입니다.

평소에는 생각도 안 해본 것들이 꼭 시험 기간만 되면 생각나고 하고 싶습니다. 항상 빨리 처리해야 할 일을 할 때만 생각나는 일들도 있습니다. 해야 하지만 하기 싫은 일은 정말 너무 많습니다. 설거지도, 청소도, 빨래도, 운동도, 독서도 다 하기 싫습니다. 전자는 욕구불만을 일으키고 후자는 나태함으로 나타납니다.

장사하려면 고객의 욕구불만에 초점을 맞춰야 합니다. 그건 바로 '못 하게 하는 것'입니다. 그런데 당신은 '못 사게' 해야 합니다. 팔고 싶은 것이 있기 때문입니다. 고객의 욕구는 해소되어야 합니다. 풀어줍시다. 고객의 니즈를, 그들의 원츠를! 어떻게 풀어 줄 것인가? 간단합니다. 못 사게 하면 됩니다. 엥? 팔아야 한다면서 못 사게 하라고? 뭔 소리야?

절대 만지지 말라는 것에는 언제나 손자국이 있고, 들어가지 말라는 곳에는 발자국이 있습니다. 태초에 인류의 시작이 그러지 않았던가요? 먹지 말라는 사과를 굳이 따 먹어서 유토피아에서 쫓겨나는 것으로 말이죠.

우리가 이렇게 반응하는 것은 심리학적으로도 근거가 있습니다. 사회심리학자들은 이런 형태의 반응을 심리적 반발이론(Psychological Reactance Theory)이라고 합니다. 자유롭게 통제하고 결정할 수 있다고 믿는 자아를 외부에서 통제하려 들면 이를 견디지 못하고 심리적으로 반발하게 된다고 설명합니다.

이 반발심 때문에 자신들이 위협받은 자유를 어떤 형태로든 회복하려 들고 적극적으로 저항하는 현상이 생긴다는 것입니다. 경고문이 적혀 있을수록 그 경고문이 강력할수록 반발심은 더욱 커집니다. 한 대학의 화장실에 낙서를 금지하는 경고문을 붙였습니다. 하나는 '낙서 엄금'이라는 강한 경고문이었으며, 다른 하나는 '낙서하지 말아 주세요'라는 부드러운 어조의 경고문이었습니다. 두 경우 강한 어조의 금지 문구 밑에 더 많은 낙서가 적혀 있었습니다.

하지 말라는 것을 굳이 더 하려는 것은 법으로 금지하기도 합니다. 그러면 더 심하게 하는 경우가 있습니다. 그런데 살펴보면 법으로 하지 말라는 것은 재밌거나 흥미로운 것들이죠. 그게 생명을 대상으로 하거나 위협이 되지 않을 때는 말이죠. 금주법을 시행한 적도 있었고, 도박도 금지입니다. 마약도 금지죠. 금서, 금지곡도 있었습니다. 선동하기 좋은 것일수록 금지했습니다. 목숨 걸고 마시고, 읽고, 불렀습니다. 오히려 합법화할수록 더 줄어드는 경우는 그렇게 이해하면 됩니다.

성매매는 음성화될수록 더 통제하기 어렵고 성행했습니다. 19금 영상물은 통제가 불가능하다고, 미연방법원 판사들이 몇 날 며칠을 함께 관람하면서 내린 결론이라고 합니다. 그런데 대한민국에서는 여전히 허술한 법을 제정해서라도 규제하려고 합니다. 더 음성화할 뿐이죠. 그런 걸 보면 참 한심합니다. 언제부턴가 영화에서 담배 피우는 장면은 모자이크로 처리하고 있습니다. 손바닥으로 하늘을 가리는 격이죠.

어차피 통제할 수 없는 일들은 합법화하고 양성화할수록 줄어듭니다. 희소성도 재미도 없기 때문이죠. 인간이라는 동물은 그렇게 참 웃긴 것 같습니다. 그러니까 그런 인간을 상대로 물건을 팔아야 하는 자영업자라면 그냥 그대로 가야 합니다. 뭔가를 자꾸 제한하면서 가자고요. 못 하게, 아니 못 사게 하면서요.

이런 정보를 우리는 장사에 적극적으로 활용해서 안정적인 수익을 극대화할 수 있습니다. 그러니까 못 사게 하는 데 집중해야 합니다. 팔아야 하는데 자꾸 못 사게 하라고? 살 수는 있되 쉽게 살 수는 없도록 하라는 것입니다. 내 상품은 언제나 어디서나 쉽게 구할 수 있는 게 아니라는 걸 보여줘야 한다는 거죠. 그럼 어떻게 못 사게 할까요?

❸ 시간과 수량을 제한해라

아이들에게 장난감을 보여주고 만지게 하는 실험을 했습니다. 조금 쉽게 만질 수 있는 조건과 조금 더 어렵고 불편하게 만질 수 있는 조건을 만났을 때, 더 어려운 조건에서 더 많은 아이가 집착하더라는 것입니다. 세 살인 아이들조차도 말이죠. 인간 심리는 항상 제약에 더 끌리는 것입니다.

오래전에 작고하신 법정 스님이 본인의 저작물에 대한 출판금지를 유언으로 남기고 대표 저서인 《무소유》는 희귀서적이 됐습니다. 굳이 그런 유언을 하신 이유도 의아하지만 참 웃긴 게 소유하지 말라고 쓴 책을 다들 소유하겠다고 책값의 열 배가 넘는 가격으로 거래한다는 겁니다. 그 무소유의 진짜 의미를 굳이 언급하지는 않겠습니다. 우리 대부분이 추구하는 바가 아니니까요.

헤어진 여자 친구나 이혼한 아내가 괜히 예뻐 보이기도 합니다. 어떨 때요? 다른 남자를 만나고 있을 때요. 남자만 그럴까요? 반대의 경우도 마찬가지입니다. 참 아이러니합니다. 자신이 어찌할 수 없다는 것을 인지하는 순간부터 애가 탑니다. 짝사랑은 그렇게 더 힘들죠. 한 번도 가져본 적이 없기 때문입니다. 상사병은 그렇게 걸려서 목숨까지도 잃게 합니다. 로미오와 줄리엣은 그렇게 결국 죽음을 맞이했죠.

곡할 노릇이지만 우리는 항상 장사에 적용할 생각을 해야합니다. 왜냐하면, 우리는 안 팔리면 안 되는 자영업자가, 아니 더 적게 일하고 더 많이 버는 사장이 되어야 하기 때문입니다. 그래야 가족과 함께 더 오랜 시간을 보내고 행복한 삶을 살 수 있기 때문입니다.

이렇게 뭔가 하고 싶은 걸 못하도록 제한한다는 것은 고객의 욕구를 더 절실하게 만듭니다. 당신의 상품도 고객에게 그런 가치를 제공해야 합니다.

웬만해서는 가질 수 없다는 것을 알게 해야 합니다. 더 빨리 문을 닫고, 더 적은 한정 수량만 팔아야 합니다. 그러면 더 비싸게 팔 수 있습니다. 그러면 더 빨리 와서 줄을 서게 됩니다.

그렇게 애타게 만들어야 더 적게 일할 수 있습니다. 그러려면 당신이 반드시 고수해야 할 원칙이 있습니다. '하나만 제대로' 하는 것입니다.

이게 세상에 없던 새로운 얘기도 아닙니다. 이미 많은 성공한 자영업자들과 세일즈맨들이 활용하고 있는 방법입니다. 그런데도 다들 안 하는 건 도전에 대한 두려움 탓입니다. 그래서 하기만 하면 이길 수 있습니다. 대부분 하지 않으니 경쟁자는 없게 됩니다.

장사하면서 가장 힘든 것이 매출의 기복입니다. 어느 날은 잘 팔렸다가 어느 날은 개미 새끼 한 마리 없습니다. 아무리 장사가 잘되는 집도 며칠만 매출 떨어지면 애간장이 녹습니다. 멘탈이 안드로메다로 갑니다.

종잡을 수 없는 매출을 보고 있노라면 자꾸 이유를 찾습니다. 장사가 안되는 이유를 비가 와서, 추워서, 축구 해서, 미세먼지가 많아서, 새 학기라, 가정의 달이라, 벚꽃 구경 가서, 단풍철이라, 방학이라, 최저임금이 올라서, 가장 흔한 불경기라는 자신이 어찌할 수 없는 외부환경에서 찾는 사장님들은 엉뚱한 곳을 바라보고 있는 것입니다.

창업을 준비 중이라면 그들과 같은 곳을 바라보면 안 됩니다. 그런 모든 안 좋은 상황은 모두에게 같지만, 줄 서서 먹는 곳은 반드시 있습니다. 그런 곳도 별 것 없다는 얘기를 하고 있습니다.

골목식당에 방영된 식당은 크게 두 부류로 나눌 수 있습니다. 잘하는 식당, 못 하는 식당 정도죠. 역시 비율은 2 : 8 정도인 것 같습니다.

이 방송의 묘미는 그 못하는 식당 중에 개선 가능한 일부를 '잘되는 식당'으로 탈바꿈해주는 데 있다고 봅니다. 그게 원래의 취지이기도 하고요. 그 대부분 방식은 메뉴를 줄이거나 특정 메뉴의 레시피를 바꿔주는 방식입니다. 그리고 결국 메뉴를 단일화합니다. 잘 보면 잘되는 식당들은 방송 다음 날부터 줄 서는 식당이 된다는 공통점이 있습니다. 어쩌면 당연한 결과일 수도 있습니다. 그런데 여기서 두 갈래로 나뉩니다. 사장님의 선택에 따라서 말이죠.

먼저 '물 들어올 때 노 젓는' 방식입니다. 온종일 줄 설 수도 있습니다. 그런데 그 많은 손님 다 받으면 가라앉습니다. 그간 부진했던 매출이 늘어서 힘든 줄도 모르고 열심히 신나게 일할 수도 있습니다. 그런데 얼마 못 가 망가집니다. 지치는 겁니다. 몸이 지치면 무조건 품질이 부실해질 수밖에 없고, 고객은 알아차립니다.

대표적인 경우가 숙련된 냉면 전문점이었죠. 하루에 200그릇 정도가 최대치라고 판단되는데 300그릇 이상 팔았죠. 자신은 손이 빨라 충분히 가능하다고 자만했습니다. 아마 방송 종료 후 그런 상황을 맞이했더라면 망했을지도 모릅니다. 그런데 많은 사장님은 가라앉는 방향으로 갑니다. 아주 작은 욕심을 부린 대가치곤 잔혹하죠.

반대의 경우는 한정 판매입니다. 영업시간을 제한하는 방식도 한정 판매와 다르지 않습니다. 새벽부터 줄을 선다 하더라도 딱 하루에 정해진 수량만 팝니다. 메뉴를 두 개로 줄인 돈가스 전문점이 대표적인 경우겠네요.

새벽부터 줄을 서는 건 언젠가 없어질지언정 하루에 정한 수량 100인분은 계속해서 팔 수 있습니다. 그러면 매출의 기복이 사라집니다. 짧은 시간에 영업을 마칠 수 있습니다. 그러면 더 잘하기 위해 노력할 시간적인 여유가 생깁니다. 외부환경에 영향받지 않으며 장사할 수 있습니다.

근무시간은 점점 줄여나갈 수 있습니다. 하루에 4시간만 일하면서도 얼마든지 사업을 확장할 수 있습니다. 큰 욕심을 부리면 가능한 결과입니다. 더 비싸도 먹습니다.

백화점에서 옷을 살 때도 딱 하나 남은 물건에 집착하고, 홈쇼핑에서는 늘 재고수량이 얼마 없다고 합니다. 특정 스타일은 항상 조기 매진이죠. 어쩌면 그 상품을 제일 많이 준비해 놨을지도 모릅니다. 명품들은 항상 한정 생산을 합니다. 리미티드 에디션이라는 이름으로 말이죠.

그거 만드는 데 원가가 많이 드느냐 하면 그렇지도 않지만 무조건 비쌉니다. 당신도 그런 상품을 팔아야 합니다. 대단히 특별하거나 희귀할 필요도 없습니다.

오직 하나의 상품을 제대로 만들면 됩니다. 적게 팔거나 일찍 문을 닫는 방법은 그래서 유효합니다.

욕구를 자극해야 더 많이 팔립니다. 우리의 전략은 자극을 넘어 제한하는 것입니다. 못 사게 하는 것입니다. 약을 바짝 올려야 합니다. '에잇 빌어먹을 가게! 올 때마다 품절이고 마감이래. 다신 오나 봐라'라고 할 고객은 없습니다. 만약 있다면 다른 곳으로 갈 수 있도록 편안히 보내주면 됩니다. 고객을 버리는 전략입니다.

집에서 멀지 않은 곳에 아주 작은 중식당이 있습니다. 아주 작은 식당이지만 테이블 간 공간을 거의 주지 않아서 서른 명 정도가 앉을 수 있습니다. 길가에 있지만, 주차장도 없는데 평일 점심시간에는 항상 짧게라도 대기 줄이 있습니다. 일반적인 중식당처럼 수십 가지의 메뉴보다 좀 낯선 이름의 십여 개 메뉴로 구성돼 있습니다. 그중에 멘보샤라는 요리 메뉴는 5개 한정이라고 써 놨습니다. 주문했더니 당연히 없습니다. 점심에 2개, 저녁에 3개를 팝니다. 점심에는 보통 5번째 팀 안에 소진됩니다. 그 메뉴를 먹으려면 일찍 가야 합니다.

불경기도 외딴 지역도 상관없습니다. 고객을 자극할 수 있으면 항상 매출은 원하는 만큼 찍을 수 있습니다. 한데 그 원하는 만큼에 대한 전략은 또 따로 수립해야 합니다. 그 부분은 나중에 얘기하기로 하고요.

소유하기 어렵게 만들수록 맹목적으로 소유하고 싶은 본능을 갖고 있습니다. 누구나 그렇습니다. 거듭 말하지만 희귀하다고 해서 반드시 더 뛰어난 품질일 필요도 없습니다. 그냥 희귀하기만 하면 됩니다. 뛰어난 건 그 이후에 갖춰도 됩니다.

음식이라면 좀 더 맛있으면 더 좋겠지만, 아니어도 상관없습니다. 오직 하나만 하면 됩니다. 어디서나 구할 수 있는 상품이 아니기만 하면 됩니다. 소문난 맛집 가보면 대단히 특별하지 않습니다. 하나만 팝시다. 제대로 하는 그 하나만!

시설권리금의 세금 문제

처음이라 잘 모르는 초보 창업자에게 가장 큰 부담은 시설권리금이다. 정말 터무니없는 비용을 지급하고 시작하는 경우가 부지기수다. 안타깝지만, 세금 문제만 간단히 짚고 가자.

기존 점포에 하려는 일을 할 수 있는 시설이 갖춰져 있다. 그중에 꼭 필요한 것만, 중고로 준비할 수 있는 비용보다 싸게 지급하는 걸 전제로 해야 한다. 보통 영업권이라고 표현하기도 하는데 사장도 메뉴도 바뀌는데 그 전에 오던 고객이 와서 매출을 올려줄 거라고 생각하면 오산이다. 철저히 새롭게 자신만의 고객층을 구축하겠다는 의지를 품고 시작해야 한다. 그런 의미에서 영업권이나 권리금은 지급할 이유가 없는 돈이다. 그런데도 얼마라도 지급해야 할 때 세금 문제를 알아야 한다.

시설비나 권리금은 굳이 지급해야 한다면 구분해서 계약하는 것이 좋다. 시설비는 비품을 사는 것과 같아서 부가가치세 매입세액공제와 종합소득세 필요경비 처리를 받을 수 있다.

권리금의 경우는 양도자에게 기타소득에 해당하는 원천징수를 하는 항목이다. 권리금의 4.4%에 해당하는 금액을 빼고 지급하는 것이다.

그리고 4.4%는 원천징수세로 관할 세무서에 납부한다. 그럼 지급한 권리금은 어떻게 할 것인가가 남는다. 그 금액이 많다면 종합소득세 신고 시 영업권으로 인정받아 감가상각을 통해 분할해서 비용처리를 할 수 있다.

예를 들어 5천만 원을 지급했다고 해서 다음 해 종합소득세 신고 시 전액을 필요경비 처리를 받는 것이 아니라 5년간 분할해서 경비처리를 받는 것이다. 첫 시작이 가벼울 리 없다. 그러면 창업한 다음 해에 추계신고를 할 수 없고, 시작부터 세무대리인에게 맡기고 시작할 가능성이 커진다.

애초에 제대로 시작하는 것은 기본적인 시설은 갖춰져 있는데 한동안 비어 있어서 무권리로 들어가는 것이다. 어쩌면 지금이 그 기회인지도 모른다. 상권을 버릴 수만 있다면 얼마든지 가능하다.

2

오직 하나만
제대로 팔아라

단일 메뉴란 무엇일까?

왜 장사하려는지는 충분히 고민했을 테고, 멋진 창업을 하기로 결심을 굳혔으리라 생각합니다. 여기까지 읽고 있다면 말이죠. 그러면 이제는 무조건 하는 일만 남았습니다. 그리고 내친김에 성공까지 해야 합니다. 그럼 시작해 볼까요?

모든 단일 메뉴에는 선택 기준이 있습니다. 무조건 사장님이 편안해지는 방식이어야 합니다. 메뉴도 재료 구입도, 손질과 준비도, 조리도, 판매도, 설거지도 오직 사장님이 편한 방식이어야 합니다.

어떤 메뉴가 좋을까요? 갖은 종류의 덮밥, 비빔밥, 죽, 김밥, 정식 등 단품이 좋습니다. 그리고 기본적으로 영업시간은 오전이나 점심시간으로 제한할 수 있는 메뉴여야 합니다. 다른 모든 시간이 오래 걸리고, 조리 도구나 시스템이 복잡하며 다양한 메뉴와 저녁 장사는 다른 수많은 자영업자가 할 수 있게 양보해 주세요.

저녁 시간은 가족과 함께 보내고 휴식을 취할 수 있어야 합니다. 만약 저녁 시간에만 할 수 있다거나, 해야 한다거나, 하고 싶다면 같은 방식으로 저녁에 하면 됩니다. 똑같이 짧은 영업시간을 지키는 것은 선택이 아니라 필수입니다.

자, 그럼 여기서 단일 메뉴에 대한 정의를 내리고 가죠. 단일 메뉴의 핵심 가치는 선택권의 박탈입니다. 고객이 선택할 수 없어야 합니다.

"우린 짜장면만 파는데? 해물짜장, 간짜장, 삼선짜장, 그냥 짜장 이렇게 짜장면만 파는데 단일 메뉴 아냐?"라고 말할 수도 있겠네요. 우린 치킨만 파는데? 그런데 메뉴가 두 개가 넘고, 메뉴판이 있어서 고객들이 뭘 먹을까 고민하고, 어떤 게 맛있냐고 물어본다면 그건 단일 메뉴가 아닙니다.

자 다시, 단일 메뉴를 선택할 때 테이블 회전율이 낮을 수밖에 없는 메뉴는 안 됩니다. 먹는 데 오래 걸리거나, 손님들이 직접 구워 먹거나, 조리해서 익을 때까지 기다려야 하는 전골 종류는 안 됩니다. 그럼 직접 구워주면 안 될까요? 안 됩니다. 힘들기 때문입니다.

술을 팔지 말아야 합니다. 낮부터 누가 술을? 그런 사람이 있든 없든 상관없습니다. 당신의 손님은 아니니까요. 그리고 그런 메뉴들은 일관된 맛을 내기가 어렵습니다. 고객들이 술을 마시면서 떠드는 동안 덜 익거나, 태우거나 더 익히고, 육수를 보충하고, 계속 음식의 맛이 달라질 수 있기 때문입니다. 맛을 달라지게 하는 그 '똥손'에 당신의 소중한 음식을 맡기지 마세요. 무조건 주는 대로 밥만 빨리 먹고 나가게 하고, 단 포장하는 것까지는 허용해 주셔도 좋습니다.

그렇다고 더 싸게 팔지 않습니다. 방문 포장 할인 그런 거 안 합니다. 하루에 몇 개 팔지도 않는 거 포장해서 사 갈 수 있는 것도 감사하게 생각하게 해야 합니다. 이런 몇 가지(?) 아주 사소한(?) 기준에 부합하는 어떤 메뉴도 좋습니다. 고민해 보면 얼마든지 있습니다.

한 번 정리해 볼까요? 단일 메뉴 선정하는 기준!

❶ 무조건 편한 방식이어야 합니다. 구입, 손질, 준비, 조리, 판매, 설거지까지

❷ 테이블 회전율이 높아야 합니다. 전골, 숯불구이 등 고객에게 맡기는 건 금물

❸ 술을 부르는 메뉴도 안 됩니다. 오로지 빨리 먹고 나갈 수 있는 식사 메뉴

❹ 비싸거나, 마진율이 좋거나, 자신 있거나, 편한 것으로

소고기, 스테이크, 튀김, 카레 등 갖은 종류의 덮밥 중에 딱 하나만 고르면 됩니다. 그중에 가장 편하거나, 비싸게 팔 수 있거나, 자신 있거나, 마진율이 좋을 만한 것 중 하나를 고르면 됩니다. 어쨌거나 가격은 비싸게 받을 수 있습니다.

다양한 토핑이 올라간 비빔밥 하나만 팝니다. 계란후라이에 소고기볶음, 콩나물, 호박 나물, 도라지 볶음, 시금치나물 등이 올라간 비빔밥을 좋아합니다. 양념 고추장을 맛있게 만들어 보면 좋겠지요. 비빔밥은 어딜 가도 대단히 특별한 맛이 있는 것은 아니지만, 제철 나물로 그냥 신선하고 일관된 맛으로, 푸짐하게 준비하면 됩니다. 지역별 특산물이 있다면 그걸 넣어보면 좋겠지요. 비빔밥에 국물이 필요하다는 고정관념을

버리고 갑니다. 귀찮으니까요.

죽은 가장 무난한 전복죽을 비싸게 팝니다. 쌀은 현미 찹쌀로 해 봅니다. 대표적인 슬로푸드인 죽을 패스트푸드로 팔 수 있는 가게가 되면 됩니다. 하루에 몇 그릇을 팔 수 있을까요? 몇 그릇을 팔고 싶은가요? 그러려면 애초에 어떻게 시작해야 할까요?

세상에 참 많은 김밥 전문점이 있지만, 김밥만 파는 전문점은 없습니다. 당신은 오직 김밥 하나만 파는 진짜 김밥 전문점이 되면 됩니다. 그 김밥 안에는 뭐가 들어 있으면 좋을까요? 건강이 담겨 있으면 좋습니다. 든든한 한 끼가 되는 김밥 안에는 육가공식품이 들어있지 않습니다. 모두 천연식품이어야 합니다. 김밥 장사 쉽지 않습니다. 하지만 김밥 하나만 딱 한 종류의 김밥만 팔면 쉽습니다. 5천 원짜리 김밥을 하루에 20줄만 파는 거로 시작해 볼까요?

정식이라고 하면 기본 열 가지 반찬이 나오는 가정식 백반을 생각합니다. 우리는 딱 하나의 반찬만 올라간 정식을 팝니다. 돼지갈비 정식, 불고기 정식, 고등어구이 정식, 갈치구이 정식, 조림 정식 또 무슨 정식이 있을까요? 김치찜 정식? 이건 좀 오래 걸리겠네요. 그래도 꼭 하고 싶다면 시간을 단축할 방법을 연구해야겠지요.

덮밥과는 다르게 따로 접시에 담긴 조리된 따뜻한 반찬과 고슬고슬 뜨거운 밥 한 공기가 나갑니다. 반찬은 역시 메인 메뉴에 잘 어울리는 종류로 하나만 내어줍니다. 쉽게 할 수 있는 반찬 하나 정도는 연구하면 좋겠네요. 깍두기나 단무지 초절임이면 괜찮죠.

곰탕, 설렁탕, 갈비탕, 추어탕, 어죽탕, 닭곰탕, 삼계탕 등등 탕도 종류는 많습니다. 그중에 하나만 하면 되겠지요.

갈비탕은 재료비가 비싸서 남는 게 없다고 합니다. 그러면 비싸게 받으면 됩니다. 2만 원짜리 갈비탕을 파세요. 하루에 50그릇만 팔면 됩니다.

부산 삼락동에 수입 소고기로 9,000원에 점심에만 300그릇 한정 판매하는 고깃집이 있습니다. 큰 매장이라 그럴 수도 있겠지만 재방문이 없다면 이루기 어려운 결과입니다.

삼계탕은 계절 메뉴라 여름 한 철 장사라 다들 어렵다고 합니다. 동래삼계탕이라는 곳이 있습니다. 그곳은 1년 내내 번호표 받고 장사합니다. 계절 메뉴라는 고정관념을 버리세요.

탕은 전반적으로 준비하는 데 시간이 좀 걸릴 수도 있습니다. 그럼 안 해야겠지요. 그래도 꼭 한번 해보고 싶다면 시간을 단축할 방법을 연구해야겠지요. 그런 시스템을 갖추는 데 시간을 투자하세요. 그러려면 작게 구석진 곳에서 시작해야 합니다. 상권부터 찾는 우를 범하지는 마세요.

여기서, 홀을 버리면 테이크아웃 전문점이 됩니다. 배달은 알아서 하세요. 선택 사항이죠. 비용은 100% 고객 부담입니다. 배달료는 5,000원 받으시고요. 아까워서 싫으면 와서 가져가라고요. 배달료 전액 배달 기사에게 내세요. 그럼 그 배달 기사는 사장님의 노예가 될 수 있습니다. 그들도 경쟁하게 됩니다. 사장님의 음식을 배달하고 싶어서요. 그런데 물량이 얼마 없죠. 그러면 자동으로 고객들에게도 친절한 기사가 됩니다.

배달 앱에는 등록하지 마세요. 리뷰에 목매달고 스트레스받지 마세요. 그거 안 해도 얼마든지 당신만의 사업을 구축할 수 있습니다. 이제 대기업도 배달시장에 뛰어들었습니다. 그들은 경쟁에 져서 어떤 식으로든 누구든 떨어져 나갈 겁니다. 그 틈

바구니에 뛰어들어서 휘둘리지 마세요, 절대.

1️⃣ 오직 하나의 덮밥만 팔아라

최근에 맛있게 먹은 큐브 스테이크 덮밥을 예로 들어 볼까요? 비교적 흔한 메뉴이긴 하지만 잘하는 집과 잘 못하는 집은 분명히 있습니다. 그중에서도 덮밥만 파는 집과 덮밥도 파는 집으로 나눌 수 있겠죠.

오전에 사 온 신선한 소고기를 깍둑 썰어 밑간을 해 놓았다가 맛있게 익힌 후, 고슬고슬 뜨거운 밥 위에 몇 가지 소스와 채소를 얹어서 나옵니다. 항상 일정한 양의 재료로 같은 맛을 낼 수 있는 레시피를 완성해야 합니다. 1인분의 고기, 밥, 소스의 양은 항상 일정해야 합니다. 계량을 철저히 합니다. 맛은 일관성 있게 중간 이상만 되면 됩니다. 맛에 관한 얘기는 다음 장의 '버려야 할 것들'에서 좀 더 구체적으로 다뤄보기로 하죠.

고기를 익힐 때는 팬은 가장 센 불에서 몇 분쯤 달군 후에 기름을 두르고 익혀야 가장 식감이 좋은지, 몇 가지의 부재료를 쓸 것인지, 그 재료의 선택 기준은 얼마나 조화로울지, 얼마나 구하기가 쉬운지, 얼마나 조리가 편한지, 한 번에 몇 인분씩 조리가 가능한지, 얼마나 걸리는지, 주문 후 몇 분 만에 테이블에 세팅이 될 수 있는지 답을 찾아야 합니다. 그리고 식사를 마치는 시간까지 걸리는 시간을 알아봅니다. 그 모든 시간을 계속 줄여나가야 합니다. 그러려면 어떤 준비와 노력이 필요할까요?

반드시 지키고 주의해야 할 점은 오직 한 가지 덮밥 외에는 다른 어떤 메뉴도 없어야 한다는 것입니다. 온전히 숙달될 때까지는 다른 메뉴에 욕심을 부리지 않아야 합니다. 반찬은 딱 하나만 준비합니다. 김치를 언제나 맛있게 담을 수 있으면 좋겠지만, 계절별로 다른 배추의 맛을 극복할 수 있을 정도의 실력이 필요합니다. 그렇지 않다면 처음엔 단무지를 양념해서 나가는 것도 좋습니다. 당연히 셀프입니다. 혼자서 바쁜데 반찬 더 달라는 말은 들어 줄 필요가 없습니다.

요리사들은 덮밥의 메인은 밥이라 할 정도로 밥을 중요하게 생각합니다. 비벼 먹든 덜어 먹든 밥은 언제나 일정한 되기

여야 합니다. 토핑이 올라갔을 때 질어지지 않도록 적정한 되기가 유지되어야 합니다. 질지 않으면 좋겠지만 일정한 물 조절만 잘 유지해도 상관없습니다. 그래서 항상 같을 수 있을 때까지 노력해야 합니다.

불려 놓을 것 같으면 불려 놓는 시간도 같아야겠지만, 또 굳이 불려 놓지 않아도 됩니다. 되도록 똑같고 비싸며 좋은 쌀을 쓰는 것이 좋습니다. 소스로 쓰일 간장을 잘 만드는 것도 중요하겠죠. 유명한 덮밥집을 다녀보면서 벤치마킹하세요. 그 분야의 전문가에게 돈을 내고 배우는 것도 좋습니다. 그만큼 시간을 단축하는 대가라고 생각하면 됩니다.

이 기본적인 밥, 토핑, 그리고 소스와 반찬을 준비하고 실력을 익히는 데도 얼마만큼의 시간이 걸릴까요? 토핑 재료를 두세 가지로 늘려 간다는 건 그만큼 집중력을 떨어뜨린다는 사실을 알 수 있습니다. 그렇게 충분히 실력을 익힌 다음 자신만의 방식으로 변화를 주면 자기 브랜드가 됩니다. 그리고 하나만 제대로 일관된 맛을 낼 수 있을 때까지, 연습하고 또 연습해야 합니다.

재료와 밥은 항상 소량으로 준비하세요. 딱 1시간 안에 영업을 마친다고 목표를 정하세요. 처음에는 하루에 20그릇만 판다고 생각하세요. 딱 그 정도 준비하면 좋습니다.

처음이라 소량만 준비해서 판다고 안내문을 써 놓는 것으로도 충분합니다. 홀 테이블이 다 차고 줄을 서는 경험을 할 때까지는 그리 오랜 시간이 걸리지 않습니다. 오직 그거 하나만 한다는 것 자체로도 충분히 주목할 만한 일입니다. 주변에 그런 곳을 찾기가 어렵기 때문이죠. 그래서 굳이 상권이 좋은 곳에서 시작할 이유가 없는 것입니다. 그 얘기는 다음 장의 '버려야 할 것들'에서 좀 더 자세히 다뤄보기로 하죠.

그렇게 한 달에 10그릇씩 혹은 실력이 느는 만큼 더 빠르게 늘려 가면 됩니다. 이제 최종 목표를 100그릇에 맞춥니다. 당신의 능력 여하에 따라 수량을 조금 더 늘릴 수도 있겠지만, 그 이상은 바람직하지 않습니다. 그보다는 영업시간을 단축하는 것을 목표로 잡는 것이 더 낫습니다. 더 큰 욕심, 아시죠?

인천 신포동의 튀김 덮밥집도 좋은 사례가 되겠습니다. 튀김 덮밥이 아니라 그가 들인 노력 말이죠. 튀김 덮밥만 한다고 하지만 다양한 튀김 덮밥을 준비해서 고객에게 선택권이 주어지는 순간부터 응대하기가 힘들어집니다.

여러 덮밥 메뉴를 파는 동안 단 한 번도 고객들이 줄을 선 경험이 없었던 그가, 단일 메뉴를 선택한 이유는 지금껏 한 번도 경험하지 못한 많은 고객에게 다양한 메뉴의 덮밥을 제공하면서 너무 바쁘게 준비하다 보니 제대로 준비하지 못하면서 지쳐만 갔던 데 있습니다. 자신이 그동안 힘들여 준비하고 노력했던 모든 것, 가장 중요한 일관된 맛이 무너지고 있다는 것을 느꼈기 때문입니다.

어떤 재료건 굽거나, 삶거나, 볶거나, 조리는 방법으로 재료 상태나 신선도를 보완하고 가릴 수 있지만 튀기는 것으로는 맛을 끌어올리기 어렵다는 것을 보여주는 대표적인 음식이 튀김이죠. 그런데 냉동 바닷장어를 튀김 덮밥의 가장 비싼 메뉴로 썼다가 포기하게 됩니다. 메뉴의 선정부터 잘못한 탓입니다.

손질하는 데 시간이 오래 걸리니 즉석에서 손질할 시간이 없어 손질된 재료를 써야 했고, 그러다 보니 신선도는 그만큼 떨어지게 된 거죠. 찾는 손님이 없으니 재료는 계속 방치되고 신선도는 점점 떨어집니다. 이렇게 한 번 먹어본 사람은 재방문하지 않을 겁니다. 다양한 메뉴 탓에 '와우'가 없기 때문이죠. 감동하기 어렵다는 겁니다. 그는 결국 메뉴를 단일화했고, 일관성을 찾으면서 줄 서는 식당이 되었습니다.

☑ 오직 하나의 비빔밥만 팔아라

비빔밥도 파는 곳은 많습니다. 심지어 비빔밥 전문점이라는 이름을 걸고 다양한 메뉴를 팔기도 합니다. 그렇지만 역시 비빔밥만 파는 전문점은 찾기 어렵습니다. 전주의 유명한 비빔밥 전문점에도 비빔밥만 팔지는 않습니다.

비빔밥은 웬만해서는 맛없기가 어려울 정도로 편한 음식입니다. 그런데도 다양한 메뉴를 팔다 보니 비빔밥만의 특징을 살리기 어렵습니다. 그날 오전에 준비한 재료로 신선하게 팔기 어려운 이유입니다. 다른 것들도 팔기 때문이죠.

그날 오전에 수량에 맞춰 산 재료를 손질합니다. 역시 처음엔 소량으로 준비합니다. 재료별로 조리해 둡니다. 시간을 체크해 봅니다. 11시 30분부터 손님을 받는다는 가정하에 그 시간까지 채소에서 물이 생기지 않도록 조리 시간을 맞추는 것입니다. 채소에서 나오는 물의 양에 따라 나물의 간이 달라지니까 그 수량과 시간을 고려한 조리가 필요합니다.

목표 수량이 많아질수록 더 신경을 써야 합니다. 겨울과 초봄에 나는 채소는 다른 계절보다 수분이 많지 않아서 단맛이 더 많고 깊은 맛이 납니다. 재료를 고르고, 손질하고 조리할 때 잘 고려해야겠지요. 회 비빔밥이든 소고기 비빔밥이든 상관없습니다. 계절별로 하든지, 특정 기간을 나눠서 하든지, 한 종류만 하면 됩니다.

매일 어떤 비빔밥이 나올지 모르는 것도 좋습니다. 그리고 항상 신선한 재료를 구입할 거래처를 확보해 두고 잘 관리해야 합니다. 좋은 거래처를 유지하는 가장 확실한 방법은 결제를 깔끔하게 해 주는 것이고, 한 달 치를 미리 주는 것입니다. 선불의 힘을 느껴보세요. 그러면 청과물 시장에서도 좋은 거래처를 확보하기 쉽습니다. 그들은 당신과 거래하고 싶어 경쟁하게 됩니다. 항상 경쟁하지 말고 경쟁시키는 방식을 택해야 합니다. 당신에게 팔고 싶은 사람도, 당신의 상품을 사고 싶은 사람도 말이죠.

역시 비빔밥도 밥이 정말 중요합니다. 흑미밥도 좋고 현미찰밥도 좋습니다. 밥에 간을 하는 것이 좋은지 어떤 간이 좋은지 고민해 봐야겠지요. 싸다고 생각하는 보리밥을 비싸게 파는 것도 좋겠지요. 세상에서 가장 비싼 보리밥을 팔아보세요. 밥은 항상 수분이 있는 채소 나물과 비벼질 때 일정한 식감을 유지할 수 있는 되기를 맞추는 것이 관건입니다.

계란후라이는 반숙 또는 완숙 아니면 둘 다 좋은지, 날계란이 좋은지 한번 시험해 보고 고민해 보세요. 계란의 크기도, 익힘 정도도, 항상 일정할 수 있어야 해요. 계란후라이 하나에도 일관성을 갖춰야 합니다. 일정한 프라이팬을 쓰고, 가장 센 불에서 몇 분 정도 가열하고 기름을 두르고 얼마나 익히는 게 제일 식감이 좋은지, 소금간은 해야 하는지 한다면 얼마나 하는 게 좋은지 스스로 레시피를 정해야 합니다. 오직 자신만의 비빔밥을 만들어야 합니다. 전 계란후라이 두 개 주는 비빔밥집은 아직 한 번도 못 봤어요. 집에서는 항상 두 개를 비벼 먹는데 말이죠. 아까워서 그럴까요? 비싸서 그런 걸까요?

좋은 참기름과 일정한 레시피로 조제한 양념 고추장을 쓰면 됩니다. 참기름과 고추장의 양은 계량하면 좋습니다. 최적의 맛은 각각 몇 그램씩 들어갔을 때 나는지 연구해 보아야 합니다. 특정 재료를 빼달라는 사람도 있을 수 있습니다. 그런 경우를 직접 만들어서 먹어보고 스스로가 원하는 맛에 부족함이 있는지 없는지 판단해야 합니다. 만약 특정 재료를 뺏을 때 본인이 원하는 맛이 아니라면 그 재료를 빼 달라는 고객에게는 팔지 않아야 합니다. '개별적으로 취향이 다를 텐데 참기름과 고추장의 양까지 제한하기는 어렵지 않을까요?'라고 질문할 수 있습니다. 그건 역시 사장님의 배짱에 달렸습니다. 우리 집 비빔밥은 딱 주는 양만큼 먹어야 제일 맛있다고, 그냥 주는 대로 먹으라고 말입니다. 그런데도 먹다가 더 필요하다는 사람은 따로 좀 더 주는 거로. 로마에서는 로마 법을! 그런 안내문이라도 하나 써 붙여 놓으시든지요. 이 역시 '버려야 할 것들'에서 좀 더 생각해 보기 바랍니다.

가격은 얼마면 좋을까요? 만 원 무난합니다. 2만 원을 받을 수 있는 사장님이 있으면 좋겠습니다. 그렇다고 해서 화려한 인테리어나 고급 식기를 쓸 필요는 없습니다. 오직 비빔밥의 본질에만 신경 쓰세요. 최소한의 비용으로 어떤 감동을 줄 것인지를 고민해야 합니다.

처음에는 역시 소량으로 판매해 봐야 합니다. 20그릇이 무난합니다. 분명히 문제점이 생길 겁니다. 맛이든 속도든 고객 응대든 말이죠. 그걸 해결해 나가야겠지요. 시작부터 부딪히는 크고 작은 모든 문제를 서툴지만 하나씩 해결해 나가는 동안 성장하면서 수량은 점점 늘어갑니다. 100개. 알죠?

이쯤에서 한 번 생각해 보는 게 좋습니다. 이 쉬울 것 같은 웬만해선 맛없기가 더 어려울 것 같은 비빔밥 한 그릇 만드는 데도 이렇게 복잡한(?) 과정들이 숨어있고, 어느 정도의 성과를 내려면 상당한 노력이 필요하다는 것을 알 수 있습니다. 하물며 두 개 세 개, 그 이상의 메뉴를 준비해서 시작한다는 것이 얼마나 무모한 도전인지 감이 좀 오시나요?

3 오직 하나의 죽만 팔아라

죽 전문점은 많이 있습니다. 대부분 프랜차이즈 전문점들이죠. 역시나 엄청난 메뉴를 자랑합니다. 그 모든 재료를 본사에서 준비해 준다 하더라도 결국 가맹점에서 최종 조리해서 나가야겠죠.

죽은 깊은 맛을 내려면 오래 끓여야 하는 단점이 있습니다. 하지만 죽은 슬로푸드라는 인식이 있어서 고객들이 기다려 줍니다. 그 10여 분 이상의 기다림이 당연하다고 생각합니다.

그 점을 반대로 생각할 수 있는 가장 쉬운 방법이 단일 메뉴로서의 죽입니다.

죽은 눌어붙지 않게 하려면 계속 바닥을 긁고 저어 줘야 하죠. 자동으로 죽을 끓이고 저어주는 기계를 굳이 살 필요는 없습니다. 재료를 준비하고 조리하는 시간을 단축할 방법을 찾아야 합니다.

재료는 백미가 아닌 현미 찹쌀로만 합니다. 4분의 1 크기로 분쇄하고 불려 놓았다가 50인분 정도의 큰 가마솥에서 푹 끓입니다. 처음엔 역시 20인분만 준비합니다. 팔아보면 알 수 있습니다. 어떤 문제가 있는지, 해결책은 무엇인지. 단일 메뉴로서의 죽이 마진율은 얼마나 좋은지 알 수 있습니다.

재료는 전복이 가장 무난한 것 같습니다. 또 더 좋은 재료를 구해보는 것도 좋습니다. 재료 수급이 안정적이고 일정할 수 있도록 방법을 찾아야 합니다. 앞서 청과물 재료의 구입과 마찬가지로 결제 방식은 잘 협상하면 됩니다. 다만 싼 재료를 취급하지 않았으면 좋겠습니다. 남들보다 더 좋은 재료로 만들어서 더 싸게 파는 모든 방식은 단기적으로는 안정적인 수익과 어느 정도의 독과점을 형성할 수 있긴 하지만 장기적으로는 바람직하지 않습니다. 유통의 특성상 자금력이 좋은 사람이 우위에 설 수 있기 때문입니다. 무엇이든 낮은 가격으로 시장에 뛰어드는 것은 경쟁의 시작이고 결국 낮은 품질로 외면받을 수밖에 없습니다. 자신만의 무기, 하나만 제대로 하는 전략을 고수하셔야 하는 이유입니다.

내장을 넣어 끓이고 전복은 식감을 느낄 수 있을 정도로만 먹기 좋게 썰어서 수북하게 얹어줍니다. 역시 계량이 가장 중요합니다. 또한, 끓일수록 물이 부족해지고 짜질 수 있다는 점을 고려해야 합니다. 그래서 최단시간에 한 번에 다 팔아야 합니다. 그러기 위해서는 역시 다양한 메뉴를 고를 수 있는 선택권을 줘선 안 됩니다. 그래야 이른 시간 안에 매진됩니다.

준비 시간은 테스트해봐야 합니다. 백미가 아닌 현미 찹쌀이라면 시간 단축을 위해 좀 더 잘게 부수면서 끓이는 과정을 반복해서 연습해야 합니다.

그래서 팔 수 있는 시간대가 몇 시부터 가능한지, 몇 시부터가 좋을지 결정해야 합니다. 운영하면서 탄력적으로 조정하면 됩니다. 초반에는 어떤 식으로든 변화를 주면서 가장 효율적인 방법을 찾아야 합니다. 어차피 어딜 가도 찾기 어려운 특별한 죽집이므로 줄 서서 사 먹게 됩니다.

죽은 특성상 와서 먹기보다는 포장해가는 경우가 많으니

줄 세워서 빨리 팔고 문을 닫을 수 있는 장점이 있습니다. 어쩌면 홀에서는 한 그릇도 못 파는 불상사(?)가 생길 수도 있겠네요. 그래서 굳이 넓은 홀로 시작할 필요도 없습니다. 2만 원짜리 전복죽을 하루에 100그릇만 팝니다. 몇 시간을 끓여야 하는지는 열 그릇씩 늘리는 과정에서 알 수 있습니다. 몇 시간이면 다 팔 수 있는지도 그 과정에서 함께 알 수 있습니다.

한 가지 더 주의해야 할 점은 반찬을 일절 제공하지 않는 것입니다. 그냥 딱 맛간장 한 종지만 내어주세요. 너무 짜지 않은 건강한 소금도 좋겠네요. 둘 중 하나만 선택하세요. 그래도 난 그건 아닌 것 같다. 김치 하나는 줘야 하지 않을까? 동치미 국물이 있어야 하지 않을까? 할 수 있겠죠. 한번 해보는 것도 좋겠지요. 그런데 명심하셔야 해요. 고객들이 거래에 길들기 전에 과연 이걸로 끝까지 갈 수 있을지, 귀찮지는 않을지 충분히 생각하고 결정하세요. 세상에 널린 죽 전문점이라는 곳에서 일회용 용기에 담아서 주는 그 모든 불필요한, 비용만 증가하는 다양한 반찬을 버려야 합니다.

전국 해안가 몇 군데에 전복죽 전문점이 있습니다. 전복죽 전문점이라는 간판을 걸었지만, 각종 해산물을 팔거나 메인 메뉴보다 더 푸짐한 상차림을 내거나 새벽부터 저녁까지 영업합니다.

기본적인 단일 메뉴의 원칙을 지키지 않기 때문에 굳이 그곳이 아니더라도 먹을 수 있는 '전복죽도 파는 집'이 되었기 때문에 대기 손님이 없고, 그때그때 띄엄띄엄 오는 손님들에게서 주문을 받으니 대기시간도 들쭉날쭉하게 됩니다. 오직 전복죽을 먹으려는 목적의식을 가진 고객들만 노리지 않았기 때문입니다. 그래서 더 오래 영업하게 됩니다. 신선한 재료의 맛을 살리기는 오매불망입니다. 버리지 못함으로써 독보적인 입지를 구축할 수 없다는 것을 모릅니다.

④ 오직 하나의 김밥만 팔아라

정말 많은 김밥 전문점이 있습니다. 역시 김밥만 파는 전문점은 찾기 어렵습니다. 간혹 여러 가지 메뉴를 팔면서 딱 한 종류의 김밥만 파는 집은 있습니다. 그나마 그런 집은 자신만의 김밥을 차별화하려고 노력하기는 합니다. 굵거나, 싸거나, 가성비가 좋아서 한 끼 식사로 손색이 없는 예도 있습니다. 이때 간혹 입소문이 나서 기분 좋은 유명세를 치르기도 합니다.

금정구의 금사동에 일미(오징어채)김밥을 파는 곳이 있습니다. 칼국수도 팔고 잔치국수도 팔지만 메뉴판은 따로 없습니다. 일반적인 분식점이지만 외진 골목 안에 아주 좁은 주방과 테이블 4개를 놓고 팝니다. 주차장도 없는데, 점심시간에는 짧게라도 줄을 서야 먹을 수 있고 오후 5시가 넘으면 재료 소진으로 문을 닫습니다. 두 번의 도전에 실패하고 세 번째 도전에 김밥과 잔치국수를 먹을 수 있었지만, 굳이 또 가고 싶은 생각은 없었습니다. 다른 문제점들 때문이기도 했지만, 김밥이 썩 맛있다는 생각은 안 들었습니다.

대부분 김밥도 파는 분들은 김밥 말아서 파는 거 어렵다고들 합니다. 들어가는 수고로움에 비해 가장 대접 못 받는 음식 중에 하나라는 얘기도 곧잘 합니다. 그래서 많은 분식집 사장님들은 김밥 팔기를 꺼립니다.

하지만 김밥 하나만 파는 전문점이 되면 얘기가 달라집니다. 여러 종류의 김밥도 아닙니다. 그냥 딱 한 종류의 김밥만 팝니다. 자신의 이름을 걸어도 좋고, '오직 김밥'이라고 지어도 좋겠고, 특정한 재료의 이름을 딴 김밥도 좋겠습니다. 거제도의 톳으로 만든 김밥이라고 톳김밥이라는 이름으로 팔리고 있죠.

처음에 집에서 연습합니다. 할 수 있는 한 돈을 쓰지 않아야 합니다. 열 줄만 말아봅니다. 말지 않는 김밥일 수도 있겠죠. 역시 처음이라 재료를 준비하는 데 시간이 오래 걸리고, 옆구리도 터지고 엉망입니다. 매일 연습합니다. 가족들이 매일 김밥만 먹다가 질릴 수도 있습니다. 하지만 응원받고 소통해야 합니다. 우리 가족이 행복하게 살 기회라고 말해주세요.

쌀과 물의 양, 밥하는 시간과 불의 강도 조절, 각종 속 재료의 절단과 조리에 필요한 양념의 계량, 김의 종류까지 바꿔가면서 맛있는 식감의 상태를 찾아갑니다.

그냥 김밥이 아니라 자신만의 김밥, 일관된 맛을 내기까지 많은 시간을 보내야 합니다. 한창 먹을 나이인 자신의 자녀가 이거 한 줄 먹고 한 끼를 든든히 채울 수 있는 음식이어야 한다는 사명감을 가지면 좋겠습니다. 그래서 좋은 재료를 써야 합니다.

싱싱하고 건강한 재료로 준비합니다. 그날 아침에 준비한 재료를 그날 조리하는 방식입니다. 속 재료는 육가공식품은 쓰지 않습니다. 그리고 가족과 주변인들의 평가를 받아봅니다. 역시 자신감이 생기면 열 줄, 더 생기면 스무 줄을 팔아봅니다. 어디서요? 김밥은 집에서도 충분히 준비할 수 있으니 앞서 언급한 것처럼 굳이 점포를 마련하지 않아도 상관없습니다.

출근 시간에 가까운 지하철역 출구나 골목길에서 출근하는 사람들을 대상으로 열 줄만 팔아봅니다. 길에서 김밥을 파는 사람들은 많이 있습니다. 그들과 경쟁한다고 생각하면 안 됩니다. 애초에 그들과 비교할 수 없을 정도로 거대한 목표를 가지고 시작해야 합니다. '김밥 파는 CEO' 김승호 회장님처럼 되자는 건 아닙니다. 아니 오히려 그런 모델을 염두에 두지 않길 바랍니다. 너무나 바쁘게 열심히 노력해서 억세게 운까지 좋아서 성공한 사례들을 따라 하려고 하지 말았으면 좋겠습니다. 오직 자신만의 특별한 김밥을 만들어 팔고 브랜딩할 수 있으면 됩니다. 그러려면 딱 하나의 김밥만 제대로 말아야 합니다.

처음부터 잘 팔리지 않을 수도 있습니다. 하지만 그 자리를 지키고 늘 한 종류의 맛있는 김밥만 팔기 시작하면 놀라운 경험을 할 수 있습니다. 김밥 이름도 재밌게 정하세요. 그리고 점점 수량을 늘려 갑니다. 오전 7시 30분부터 딱 1시간만 팝니다. 몇 줄을 팔든 그 시간에 다 팔 수 있습니다. 50줄 정도가 좋습니다. 수량을 늘려 가면서 수익이 생기면 김밥 절단기도 사면 됩니다.

그러다 실력도 쌓이고, 자신감도 생기면, 동네 어귀에 시설 권리금도 없고 임대료도 싼 작은 상가를 하나 구하면 됩니다. 월세는 싸야 하고 김밥을 말 수 있는 최소한의 시설만 갖추면 됩니다.

국물이 필요할까요? 필요하다고 생각하면 해야겠지요. 하지만 하지 않아야 합니다. 김치, 깍두기, 젓갈 같은 반찬도 없습니다. 오직 김밥 하나만 팝니다. 아니 뭐 이런 가게가 다 있어? '야 난 국물하고 반찬 없이는 김밥 못 먹겠더라' 하는 고객을 버려야 합니다. 그런 것들이 없더라도 김밥 하나 제대로 하는 집을 찾는 사람들만 보고 필요한 만큼만 팔면 됩니다. 충분합니다. 하루에 5,000원짜리 김밥 200줄만 팔면 충분하지 않을까요?

거제의 지세포항에 톳김밥과 미역새우라면만 파는 식당이

있죠. 하나만 더 잘하기 위해 계속 노력하기만 하면 어디서도 먹을 수 없는 김밥이 되는 것입니다.

김밥에 꼭 밥이 들어가야 할까요? 탄수화물이 싫은 사람들을 위한 김밥을 만들 수는 없을까요? 밥이 없는 김밥에는 밥 대신 어떤 재료가 들어가면 좋을까요?

5 오직 하나의 정식만 팔아라

제일 바람직하지 않은 방식이지만, 굳이 정식을 해야겠다면 정식에 대한 고정관념부터 버리고 시작해야 합니다. 수많은 정식집의 실체는 경쟁의 산물입니다. 그나마 집밥을 표방하는 정식집은 좀 낫죠. 한정식이라고 파는 집은 정말 많은 종류의 반찬을 내야 한다는 고정관념에서 벗어나야 합니다.

더 많고 다양한 반찬이 정식의 본질이 아닙니다. 오직 한 끼 식사의 감동에 집중하세요. 한정식 하면 생각나는 전주를 비롯한 전라남북도의 공통적인 특징이 엄청나게 많은 종류의 맛있는 반찬으로 생각합니다. 6,000원짜리 정식을 먹는 데 반찬이 스무 가지가 넘게 나왔던 기억이 있어요. 그런데 또 대부분은 그 모든 반찬을 다 맛있게 먹지 않는다는 겁니다. 호불호가 분명한 반찬부터 몇 번을 다시 채워서 먹게 되는 반찬들까지 말이죠.

처음 반찬이 상을 가득 채울 때는 '우와' 하고 입이 쩍 벌어지기도 합니다. 그런데 보통 거기까지입니다. 사장님 입장에서 한번 볼까요. 그 많은 반찬을 다 준비하는 데 얼마나 많은 시간과 비용이 들까요? 얼마나 많은 잔반이 생길까요?

어딜 가도 먹을 수 있는 반찬 가득한 '가정식 백반'은 굳이 당신까지 할 필요가 없습니다. 집밥이 그리운 사람들을 위해서요? 그게 꼭 많은 반찬이 필요한 건 아닙니다. 그렇게 누구나 다 하는 방식은 다른 분들에게 양보해 주세요.

간혹 메인 메뉴보다 반찬이 맛있다고 소문나는 것은 전혀 바람직하지 않습니다. 그러면 반찬가게를 하는 게 맞습니다. 오직 본질에 집중해야 합니다. 자신이 도대체 무엇을 팔고 싶은 건지 분명히 정하고 시작해야 합니다. 운영 중에도 절대 놓치지 말아야 할 중심 가치입니다.

제육볶음이든, 돼지갈비든, 생선구이든, 생선조림이든 하나만 준비합니다. 좋은 재료 구매법은 이제 아시죠? 좋은 거래처를 확보해 두는 것이 정말 중요합니다.

앞서 언급한 다른 모든 메뉴처럼 일관된 맛을 낼 수 있는 방식을 갖춰야 합니다. 제육볶음이든 불고기백반이든 고기의 두께나 부위를 정해야 합니다. 신선하고 좋은 재료는 대단한 기교나 레시피가 없이도 자체로도 훌륭한 맛을 낼 수 있습니다. 양념은 약하게 해서 신선한 재료의 맛을 느낄 수 있게 해 주는 것도 하나의 전략입니다.

그거 하나면 밥 한 공기 뚝딱 해치울 수 있도록 해 주세요. 평소엔 무슨 일이 있어도 한 공기만 먹던 사람도 한 공기 더 먹을 수 있도록 해 주세요. 다른 반찬은 필요 없습니다. 메인 메뉴를 더 푸짐하게 주세요. '이래서야 어디 남는 게 있을까?' 싶을 만큼 줄 수 있습니다. 다른 모든 비본질을 버리기만 하면 말이죠. 그리고 비싸게 받을 수 있습니다. 어딜 가서도 이런 밥 못 먹는다는 소리가 저절로 나옵니다. 자, 하루에 몇 그릇만 판다고요?

갈치구이와 갈치조림 정식은 제주도가 제일 비싼 것 같습니다. 제주산 갈치를 내륙에서 먹을 때는 운송비가 있어서 그러려니 하겠지만 바로 산지 근처에서 먹는 갈치가 왜 그렇게 비쌀까요? 아무리 관광특구라지만 가격이 과격한 건 누구나 느끼는 불편함으로 생각합니다.

그 비싼 이유 중 하나가 비본질에 너무 많은 투자를 하기 때문입니다. 갈치를 그 가격에 배부르게 먹을 수 없으니 배나 채우라고 다른 반찬들을 준비한 걸까요? 화려한 인테리어를 보면서 갈치와 함께 만족감을 느끼라고 통유리와 전망을 준비한 걸까요? 아니면 대로변에서 쉽게 들어오라고 목 좋은 곳에 넓은 주차장까지 마련했기 때문일까요?

창업을 준비 중이라면 오직 하나의 메뉴에 집중해서 그것 하나만 제대로 하는 집이 되어야 합니다. 단일 메뉴의 선정 기준에 맞는 하나의 정식 메뉴를 준비해서 다른 밑반찬 없어도, 인테리어가 화려하지 않아도, 주차장이 없어도, 조금 외진 곳에 있어도 1만 5,000원짜리 정식 100그릇을 팔기까지는 그리 오랜 시간이 걸리지 않습니다.

서면 1번가 끝자락에 가면 한정식 하나만 파는 식당이 있습니다. 메뉴판이 없습니다. 고등어조림, 제육볶음, 된장찌개가 주력으로 잡채와 부침개, 채소 샐러드 등등이 나옵니다. 골고루 손이 가는 몇 가지로만 구성된 정식집으로 제육볶음을 제외한 모든 반찬은 추가됩니다. 서면에서 점심시간에 보기 드물게 줄 서는 식당입니다. 주차장도 없고, 주차료를 지원해 주지도 않습니다. 심지어 지하 1층입니다. 상권을 중요하게 생각하는 많은 자영업자는 1층에 대한 집착이 강합니다. 하나만 집중하면 상권과 층수는 큰 의미가 없습니다. 굳이 투자하지 않아도 될 비본질입니다. 돌솥밥이라는 옵션은 없는 단일 메뉴였으면 좋겠습니다.

가덕도에 해산물 정식만 파는 집이 있습니다. 거가대교가 개통되기 전에는 배를 타고 가야 하는 아주 외진 곳이고, 지금도 부산에서는 제법 먼 거리에 있지만, 평일 점심시간에도 예약하지 않으면 먹기 어렵습니다.

무조건 한 상 기준으로만 팝니다. 1인이든 4인이든 무조건 32,000원에 한 상입니다. 주로 4명이 먹지만, 먹성 좋은 사람은 2명이 한 상을 시켜서 먹습니다. 다른 단일 메뉴를 추가할 수도 있습니다. 바닷가 양식장이 있는 지역의 특성을 살려서 제철 해산물로 운영할 수 있는 장점을 잘 살렸습니다. 이 식당이 유동인구가 많은 소위 목 좋은 명지 신도시에 자리를 잡았다면 저 가격에 그토록 푸짐한 상차림을 낼 수 있었을까요?

⑥ 오직 하나의 밀면만 팔아라

부산에는 역사적인 연유로 밀면집이 많이 있습니다. 하지만 대부분은 '밀면도 파는' 집입니다. 밀면도 파는 집과 밀면만 파는 집은 전혀 다른 운영을 하게 됩니다. 전자는 언제든 어딜 가서든 먹을 수 있는 경우가 대부분입니다. 웬만해서는 줄 서서 먹지 않고, 온종일 영업하기 때문입니다. 그나마 좀 잘하는 집이라고 소문나면 점심시간에만 조금 붐비는 정도로 그칩니다. 앞서도 언급했지만 계절 메뉴라는 인식이 강하기 때문에 다른 메뉴를 놓지 못합니다.

메뉴의 조화를 주장하시는 분들이 있습니다. 단일 메뉴보다 조화로운 두세 개의 메뉴가 매출 향상에 더 도움이 된다고 생각하기도 하고 어떤 경우에는 맞기도 합니다. 하지만 하나도 제대로 익히지 못한 초보 창업자가 처음부터 가야 할 길은 아닙니다.

하나를 제대로 하고 나면 두 개를 제대로 하고 싶은 욕심이 생길까요? 물론 그럴 수도 있습니다만 하나만 제대로 하고 시간을 더 단축하는 방법을 찾는 것이, 두 개 또는 세 개를 제대로 하는 것보다 더 빠르게 성장할 수 있습니다.

부산 초읍동에 가면 밀면만 파는 집이 있습니다. 구석진 골목 안에서 주차장도 없이 밀면 하나만 판 지 16년째입니다. 물밀면과 비빔밀면, 둘을 섞은 주물럭 밀면이 있습니다. 동네 단골에게는 조금만 기다리면 되는 참 고마운 맛집이었는데, 어느 날 TV에 방영된 이후로 평일에도 2시간 가까이 기다려야 먹을 수 있는 곳이 되어버려 억울하기까지 합니다.

평일 기준으로 하루에 200그릇, 주말 250그릇을 팝니다. 오전 11시에 시작해서 2시 30분 정도면 재료 소진으로 영업을 마감합니다.

손님들이 오래 기다린다고 해서 더 빨리 준비하려고 하지 않고, 많이 기다린다고 해서 더 많이 준비하지도 않습니다. 하던 패턴을 그대로 유지합니다.

고객으로서는 그 전과 지금 달라진 건 대기시간이 길어졌다는 것이지만, 사장님 처지에서는 그냥 하던 대로 하루에 정해진 수량만 팔 뿐입니다.

그러면 사장님이 고민해야 할 전략은 영업시간 단축을 위해 회전율을 높이는 것입니다. 그래서 합석을 시도했다가 불평하는 몇몇 고객들 때문에 포기했습니다. 합석을 거부하는 고객을 버려야 합니다. 모든 고객을 만족시키려 하다 보니 자신이 힘들어지는 방식을 택했습니다. 영업시간 외에도 재료를 준비하는 시간은 훨씬 더 많이 소요됩니다. 그래서 근무시간을 줄일 수 있는 모든 방법을 고민해야 합니다.

두 시간을 기다려서 먹고 나온 이 집의 밀면이 대단히 맛있느냐 하면 꼭 그렇지도 않습니다. 면발이 쫄깃하고 밀가루 냄새도 안 나고 물밀면은 그냥 깔끔하고, 비빔밀면은 맛은 있지만 시원하지 않고, 둘을 섞은 주물럭은 다른 밀면도 파는 집에 가면 먹을 수 있는 방식이기도 합니다. 느낌은 그냥 한약재 맛이 좀 나는 맛있는 밀면? 이거 먹으러 두 시간씩 기다리고 싶지는 않다고 생각했습니다.

그런데 여전히 사람들은 줄 서서 먹고 있죠. 많은 사람이 한 번씩은 먹어보고 나면 줄이 좀 줄고 30분 이내로 기다려서 먹을 수 있다면 또 가서 먹을 것 같기는 합니다.

이 모든 과정을 사장님 관점에서 보면 고객들의 모든 생각과 행동은 별 의미가 없습니다. 아무것도 달라진 게 없다는 거죠. 줄 서서 먹기 시작한 10년 전이나 2시간씩 기다렸다 먹는 지금이나 말이죠. 그냥 밀면 하나만 팔았고, 정해진 수량을 팔기 위해 영업을 마친 후에 밀가루를 반죽해서 숙성해 놓고 아침에 육수 만들고 테이블에 앉는 인원수에 맞게 제면기에서 면을 뽑아 삶아 내고 주문에 맞게 그릇에 담아낼 뿐입니다. 여기서 메뉴가 주물럭 하나뿐이라면 또 사장님은 편해질 수 있습니다. 매운 걸 못 먹어서 혹은 담백한 맛 그대로의 물밀면을 먹으러 오는 사람을 받아주기 위해서 메뉴를 버리지 못합니다.

좀 더 극단적인 선택을 할 수 있으면 좋겠습니다. 물밀면만 혹은 비빔밀면만, 회밀면만, 섞어밀면만 파는 가게가 생기면 좋겠습니다. 그러면 좀 더 멀리서도 찾아오는 가게가 될 수 있습니다. 굳이 그것만을 찾는 비주류 고객을 위한 당신만의 가게가 된다면 놀라운 밀면집이 되기에 충분합니다.

7 오직 하나의 돈가스만 팔아라

서대문구 홍은동에 가면 아주 유명해진 돈가스집이 있습니다. 무려 스물한 가지의 메뉴를 팔다가 돈가스와 치즈가스 두 가지로 줄여서 팔면서 오랫동안 공고히 자신의 자리를 지키고 있는 집입니다.

그는 몇 번의 실패로 거의 모든 걸 다 잃은 상태에서 어렵게 준비한 돈가스 가게에 집착이 컸습니다. 고객 만족을 위해 더 다양한 메뉴를 준비하고 더 좋은 재료를 쓰려고 노력했습니다. 하지만 가격 인상에는 인색했죠. 함께 일하는 아내와 늘 부딪치는 부분이었습니다. "줄이고 올리자, 안 된다 고객에 대한 예의가 아니다." 그는 더는 실패해서도, 할 수도 없는 절박한 심정이었습니다. 당연합니다. 누구나 그 상황에서는 그런 두려움을 가질 수밖에 없습니다.

결국, 메뉴의 단순화는 그의 음식을 먹어 본 백종원 대표가 '메뉴 줄여서 매출 하락하면 책임지겠다'라는 각서를 쓰고서야 진행할 수 있었습니다.

그렇게 2018년 10월, 백종원의 골목식당 방송 이후 여전히 새벽부터 줄을 서게 만드는 원동력은 하루에 딱 100인분만 파는 전략 덕분입니다. 그가 지킨 원칙에 따라 변하지 않는 맛에 고객들이 계속 감동하고 있기 때문입니다. 그가 그렇게 힘들어했고 그의 아내가 줄기차게 주장했던 가격 인상은 고객을 위해서라도 강행해야 합니다. 그러려면 그 대가는 고객이 부담하는 것이 맞습니다. 그 가격 인상분이 아까워서 혹은 괘씸해서 먹지 않겠다는 고객을 버리는 선택을 해야 합니다. 고객들이 줄 서는 시간은 줄어들지언정 하루 목표량 100

인분을 파는 것은 문제가 없습니다. 더 큰 감동을 주기 위해서라도 가격은 올리길 바랍니다. 그러면 더 여유가 생기고 더 훌륭한 음식을 제공하기 위한 연구를 더 즐겁게 지속할 수 있기 때문입니다.

백종원 대표가 가격 경쟁력을 강조하는 경우는 다른 이유 때문입니다. 대부분 초보 창업자의 초기 생존을 위한 솔루션이라고 볼 수 있습니다. 게다가 단 하나만 정성을 다해서 집중한다면 다른 곳보다 더 싸게 판다 하더라도 더 비싸게 팔고 있다는 것을 알 수 있습니다. 그런데 임대료도 비싼 곳에서 그렇게 팔다가는 초기 생존 자체가 불가능합니다. 그래서 좀 더 구석진 곳에서 싸게 시작해야 합니다. 성장하는 과정을 거치면서 자신만의 메뉴에 특별함을 더해가면서 가격은 인상되어야 합니다. 그래야 더 오랫동안 훌륭한 음식을 고객들이 먹을 수 있기 때문입니다.

연돈의 경우는 오랫동안 음식 장사해 왔고 숙련된 실력이 있었기 때문에 가능하다고 말하고 싶은가요? 그러니까 처음이라 실력이 없다면 더더욱 하나만 해야 합니다. 그리고 작게 시작해야 합니다.

성북구 동소문로에 가면 수제생돈가스집이 있습니다. 성신여대 학생들에게도 인기가 많은 돈가스집입니다. 점심시간을 조금 넘겨서 갔는데 빈자리가 많았습니다. 별 기대를 하지 않고 등심가스와 안심가스를 시켰는데 두툼한 두께와 부드러운 식감의 괴리감이 컸어요. 이렇게 두꺼운데 이렇게 부드러울 수 있는 건가? 이 튀김옷의 고소함은? 지금껏 먹어왔던 어떤 돈가스보다 맛있고 감동했지만 가장 비싸지는 않았습니다. 만 원도 하지 않았으니까요. 그날은 횡재했다고밖에 말할 수 없겠어요.

최근에 집 근처에 있는 제법 유명한 돈가스 체인점에 갔는데 등심가스의 가격은 만 원이 넘지만, 성신여대 앞에서 먹었던 돈가스에 비하면 두께도 얇고 퍽퍽하고 신선한 느낌도 없었습니다. 맛이 없었죠. 다시는 가지 않으리라 다짐하고 나왔습니다.

다행히 성신여대 앞의 그 돈가스집에는 파스타와 우동 등의 면 메뉴도 있어서 돈가스 전문점으로서의 면모를 살리지 못하고 있었기 때문에 시간에 쫓기지 않고 먹을 수 있었다고 생각합니다.

만약 그 가게가 돈가스 딱 하나 그러니까 등심가스와 안심가스 두 종류만 팔았다면 줄 서지 않고 과연 시간 안에 먹을 수 있었을까 싶었죠. 전 그래서 가끔 마음에 드는 식당이 메뉴를 한두 가지로 줄이지 않고 계속 그 상태로 유지해 줬으면 하는 아주 이기적인 바람을 가져보기도 합니다. 만약 하나로 줄여버린다면 줄 서서 먹게 될 게 뻔하니까요.

⑧ 오직 하나의 고기만 팔아라

대부분의 고깃집 역시 온갖 종류의 고기를 다 팝니다. 하나만 파는 고깃집은 정말 찾기 힘듭니다.

아내와 한 산책길에 '이게 갈비다'라는 자신감 넘치는 이름으로 오픈한 고깃집 간판을 보고 '오 갈비 하나는 제대로 하겠구나' 싶어서 냉큼 달려갔다가 여느 고깃집과 다르지 않은 다양한 메뉴판을 보고 발길을 돌린 적이 있습니다.

서대문역 근처에 가면 등심만 파는 집이 있습니다. 등심이라 가격대가 좀 세긴 하지만 등심 하나는 제대로 하는 집이라는 생각에 등심을 먹고 싶을 때면 찾게 됩니다. 초등학교 앞이라, 외진 곳이라 비싼 등심이 안 팔릴까 걱정할 필요가 없습니다.

을지로에도 아주 오래된 등심만 파는 고깃집이 있습니다. 생등심도 아닌 냉동 등심을 1인분에 무려 4만 원에, 점심시간에는 무려 만 원이나 하는 된장찌개만 팝니다. 찬은 역시 세 가지뿐. 밥 인심도 후하지도 않은 고깃집에서 줄 서서 먹는 걸 보기도 힘든데 합석까지 하는 곳이라니 대단합니다.

가성비가 떨어질 수도 있는 냉동 등심이나 된장찌개에 대한 호불호가 분명히 갈리기 마련인 사장님의 전략이 고객들을 줄 세우고 합석하게 만드는 것은 모든 고객을 만족시키기 위해 음식을 준비하지 않았기 때문입니다. 그런 식당들이 알려져서 그런지 근래에 등심만 파는 집이 여기저기 생기기 시작했어요. 등심도 파는 집은 많지만, 등심만 파는 집은 몇 군데 없었는데 이제 조금씩 늘어가는 분위기가 보이는 것 같습니다. 경쟁하는 시장 안에서 바람직한 경향으로 생각합니다.

등심 하나만 팔겠다고 하기만 하면 여기에 필요한 것을 제외한 모든 것을 버릴 수 있습니다. 애초에 가볍게 시작할 수 있습니다. 불판도 한 종류만 있으면 되니까요. 등심에만 집중하면 등심을 최대한 맛있게 먹기 위해 불필요한 반찬 수를 최대한 줄일 수 있고, 뭘 먹을지 고민하는 고객과 어색한 시간을 보낼 필요도 없습니다. 이 식당에서 다른 특수부위나 돼지 고기를 찾는 사람은 없습니다.

그 식당이 성취하고 있는 모든 것들의 근본적인 이유는 오직 하나만 팔기로 한 결정이 있었기 때문입니다. 오직 등심만 팔기 위해서 더 좋은 등심을 구해야 하고, 더 많이 사면서 더 싸게 구할 수 있게 됩니다. 그런데 그들 중에서도 각자의 방향성은 다양합니다. 등심만 파는데 후식으로 냉면도, 된장찌개도 팔고, 국수를 팔기도 합니다. 더 가벼워지기 위해 무엇을 더 버릴까 더 집중할까 고민하는 사장님이 결국 이기게 될 것입니다. 본질에 집중할 수 있기 때문입니다.

누구나 시작할 수 있고, 더 잘할 수 있지만 아직은 많이 없습니다. 삼겹살만 파는 집, 돼지갈비만 파는 집, 소갈비만 파는 집, 불고기만 파는 집, 청둥오리 불고기만 파는 집이 되는 것이 반드시 바람직한 것은 아닙니다. 단일 재료만을 쓰는 메뉴는 불가항력적인 외부환경에 영향을 받을 수도 있기 때문입니다. 육류, 조류, 해산물 등이 모두 비슷한 상황에 직면하고 심각한 타격을 입기도 했습니다. 하지만 어딜 가도 만날 수 있는 그 모든 것을 다 파는 것보다는 훨씬 경쟁력 있는 선택입니다. 그래서 굳이 추천하고 싶지는 않습니다만, 그런 단일 재료조차도 시도하고 성공한 사례는 있습니다.

마포역 부근에 아주 오래된 한우 소갈비만 파는 집이 있습니다. 그 흔한 냉면도, 된장찌개도 없습니다. 그냥 딱 소갈비와 공깃밥만 팝니다. 세 가지 반찬과 소스가 전부죠. 소갈비도 초벌구이 상태로 나와서 테이블에서는 살짝만 익혀서 먹을 수 있습니다. 고객의 '똥손'에 고기의 맛이 달라질 여지를 최대한 줄인 바람직한 선택입니다.

연탄을 써서 굳이 손님 바뀔 때마다 숯불을 넣지 않고 일정한 화력의 연탄불로 운영할 수 있습니다. 게다가 초벌구이 시스템은 더 많이 먹을 수 있도록 하고, 빨리 먹고 나갈 수 있도록 하는 효과도 있습니다.

그렇습니다. 테이블 객단가를 높이고, 회전율을 높이는 것은 결국 사장님이 더 적게 일하고 더 많이 벌기 위해 반드시 실천해야 할 중요한 전략 중 하나입니다. 추가 주문은 반드시 생기기 때문에 주문을 받기 전에도 주방 안에서 이미 초벌을 하고 있다가 주문과 거의 동시에 테이블로 나갈 수 있는 시스템이 정착될 수 있습니다. 이 모든 과정과 결과는 역시 하나만 팔기로 했을 때 실현 가능한 전략이라는 것입니다. 다양한 메뉴를 취급하는 곳에서는 엄두도 낼 수 없는 시스템입니다. 여기서 한정 판매까지 더해지면 더 적게 일하면서 매출의 기복은 사라지는 상황을 연출할 수 있습니다.

고깃집에서 주로 후식으로 판매하는 냉면이 가장 힘든 이유는 기성 제품을 쓰는 육수는 그렇다 치더라도 면의 삶기에 따라 맛과 식감의 차이가 심하게 난다는 것입니다. 맛있게 고기 잘 먹고 혹평을 받을 수도 있습니다. 간혹 정말 맛있는 냉면을 파는 고깃집도 있습니다. 하지만 수많은 고깃집에서 맛의 기복이 심해서 호불호가 갈리는 냉면을 포기하지 못하는 이유는 뭘까요? 너무나 소중한 고객들에게 더 맛있는 냉면을 먹여주고 싶어서일까요? 그렇게 자신 있으면 냉면집을 하는 게 더 낫지 않을까요? 정말 고객이 소중하다면 무슨 고기든 한 종류만 제대로 해서 먹여주는 것이 현명한 선택이 아닐까요? 그렇게 제대로 된 음식으로 고객을 만족시키고, 만족을 넘어 감동하고 흥분하게 만드는 것이 진짜 마케팅이고 홍보가 아닐까요?

더 필요한 게 있다면 역시 한정 판매와 시간 제한이죠. '몇 시까지 먹고 나가세요'보다는 '죄송해요. 오늘은 재료가 다 떨어졌어요'가 좋습니다. 하나만 제대로 하면서 못 사게 하는 것은 그래서 가장 쉬운 전략입니다.

초보 창업자라면 간이과세사업자로 시작하는 게 좋다. 일단 구석진 곳에서 가볍게 시작하기 좋은 과세유형이기 때문이다. 간이과세사업자는 하나만 제대로 하는 식당이 되기 위한 전제조건이기도 하다. 월세가 싸고 시설권리금도 없을 가능성이 크고, 규모가 크지도 않아서 굳이 골치 아프게 직원을 채용할 일도 없을 것이다. 간이과세사업자의 부가가치세는 납부금액이 거의 없다고 보면 된다.

문제는 매출보다 초기 투자비용이 큰 경우 부가가치세 환급을 못 받는다는 건데, 그건 애초에 출발을 잘못한 것이다. 처음부터 염두에 두지 말자.

초반 매출이 크게 많지 않을 것이라는 예상도 할 수 있고, 돈을 벌기 위해 쓰는 돈 자체도 적을 수밖에 없다. 그래서 고정비도 매출에 따른 변동비도 적다.

그런데도 장사를 하려면 재료를 구입해야 한다. 거래처가 대형마트든 면세사업자든, 세금계산서나 신용카드, 현금영수증, 계산서 등의 적격증빙을 수취하기도 하고, 간이영수증이나 거래명세서 등의 소명용 증빙을 수취하기도 한다.

적격증빙을 수취하면 부가가치세 매입세액공제가 가능하고 소명용 증빙을 수취하면 종합소득세 신고 시 필요경비 처리를 받을 수 있다. 그럴 일은 별로 없겠지만 간이과세사업자는 부가가치세 납부금액이 거의 없으므로 매입세액공제를 받기 위해 적격증빙을 수취하지 않을 수 있다면, 그래서 상품가격의 10%에 해당하는 부가가치세를 지급하지 않고 살 기회가 생긴다면 적극적으로 활용하길 바란다.

신규사업자라면 다음 해 종합소득세 신고 시 추계신고가 가능하고 단순경비율로 처리할 수 있다. 전제조건은 초기 투자비용이 많지 않아야 한다는 것이다. 처음이라 잘 모르는 초보 창업자에게 꼭 필요한 과세유형이다. 최대한 활용하길 바란다.

특별함을
갖춰라

모든 걸 버리는 거로도 충분히 경쟁하지 않는 사업을 할 수는 있습니다. 하지만 특별한 콘텐츠를 갖추는 것도 경쟁하지 않는 방법입니다. 특별함이라는 단어가 주는 무게감에 지레 겁먹지 마세요. 하나만 제대로 하는 것만으로도 충분히 특별합니다. 아직은 말이죠.

당신이 팔고자 하는 상품을 원하는 사람들에게 다른 관심사를 자극해서 커뮤니티를 형성할 수 있습니다. 그러면 팬덤을 만들 수 있습니다. 고정 고객이 생기는 것입니다.

가장 쉽게 접근할 방법은 당신이 속한 지역의 특색을 살리거나 굳이 당신의 가게를 찾아야만 먹을 수 있는 음식을 팔거나, 평소에 관심을 가졌던 분야가 있다면 특징을 살리는 것도 좋습니다. 다이어트는 평생 해야 하는 거잖아요? 칼로리는 줄이고 같은 맛을 낼 수 있다면 히트를 치겠네요. 헤일로 탑 아이스크림처럼 말이죠.

특별함을 갖추는 가장 쉬운 방법은 하나만 파는 것이고, 조금 더 노력해서 제대로 하는 것이겠죠. 그건 지겹도록 반복해 왔으니 그럼 그 하나만 하는 상품에 어떤 특별함을 입힐 것인지 한번 고민해 보면 좋겠습니다. 그 특별함이 가격 경쟁력만은 아니었으면 좋겠습니다.

프랜차이즈 김밥집에서 파는 김밥이 싫다고 자신만의 김밥을 팔면서 싸게 팔 생각만 하는 김밥집은 고전을 면치 못합니다. 돼지국밥집도 마찬가지입니다. 하나만 판다고 해서 더 싸게 팔아선 안 됩니다. 더 싸게 판다고 해서 특별해지는 것이 아니기 때문입니다. 가격 경쟁력은 배제하고 시작하길 바랍니다. 어떤 상품을 팔고자 한다면 반드시 획일적이거나 일반적인 상품에 질린 비주류 고객을 대상으로 비싸게 팔아야 즐겁게 운영할 수 있습니다.

골목식당에서 여러 지역의 상권을 찾아다니면서 백종원 대표가 솔루션을 제공하는 방향 중 하나는 지역 특산물을 메뉴에 녹여내는 것이었습니다. 그게 메뉴 이름이든 내용물이든 말이죠. 굳이 거기까지 가지 않아도 먹을 수 있는 음식이 아니길 바랐습니다. 하지만 그 모두에게 적용할 상황은 아니었으니 일부 준비된 가게들만 나름대로 활로를 찾을 수 있었죠.

충무김밥 딱 하나만 파는데도 손님이라고는 없는 식당에서 원인을 찾아내고 지역의 특색을 살린 메뉴를 개발하고 나서 줄 서는 식당이 되었습니다. 그건 백종원 대표의 컨설팅 결과이기도 하지만 창업을 준비하는 처지에선 창업 전에 충분히 고민하고 시작해야 하는 내용이기도 합니다.

자신만의 육수를 개발할 수도 있고, 어디 가서 먹어보기 어려운 피자나 파스타를 만들 수도 있습니다. 단순한 국수와 김밥만으로도 얼마든지 특별해질 수 있습니다.

수십 년 동안 한 분야에서 내공을 쌓은 분들을 굳이 따라 할 필요는 없습니다. 자신만의 상품을 개발하는 데 응용할 수 있어야 합니다. 단순히 따라 하는 것을 넘어 자신만의 것으로 승화시킬 수 있어야 합니다. 그러기 위한 기본실력은 갖추고 시작해야겠지요? 시작하면서 갖추려거든 고정비용을 최소화할 방식을 택해야 하고요. 반드시 성장하기까지 어느 정도의 시간이 필요할 테니까요. 그럼 어떤 특별함을 갖출 것인지 한 번 살펴볼까요?

일반과세사업자의 부가가치세와 종합소득세

일반과세사업자는 고객으로부터 받아 둔 부가가치세를 전액 납부한다.

만약 1만1,000원에 파는 덮밥 하나만 팔고 있다면 고객으로부터 받아둔 상품가격의 10%에 해당하는 1,000원이라는 매출세액은 부가가치세 신고와 납부하는 기간에 전액 낸다고 생각하면 된다.

애초에 대신 받아둔 돈이므로 수익으로 생각하면 안 된다. 단, 간이과세사업자는 수익으로 생각해도 무방하다. 일반과세사업자도 받아둔 부가가치세를 전부 납부하지 않는 것은 역시 팔기 위해 쓴 돈에 묻어 나간 부가가치세, 즉 매입세액을 공제받기 때문이다.

1만1,000원에 파는 덮밥 하나만 팔고 있다면, 그 덮밥의 재료비가 3,300원이라고 할 때, 재료를 판매하는 사업자에게 300원이라는 부가가치세를 지급한 것을 납부해야 할 부가가치세에서 공제해 준다는 뜻이다.

만약 재료를 살 때 부가가치세를 한 푼도 내지 않고 모든 재료를 상품가격으로만 샀다면 부가가치세는 받아 둔 돈 전액을 내면 된다. 이건 적격증빙의 형태는 아니다. 그러면 종합소득세 신고 시 필요경비로 인정받기 위해서는 적격증빙미수취 가산세 2%를 부담해야 한다.

그래서 일반과세사업자는 상품가격의 10%에 해당하는 부가가치세를 지급하고 적격증빙을 수취하는 것이 일반적인 방법이라고 할 수 있다.

3

버릴 수 있는 건
다 버려라

버리고 나서 성공한 그들

특별함을 갖춘다고 해서 무언가를 더해야 한다는 고정관념부터 버리고 가야겠습니다. 버릴 수 있을 때 가벼워지고 더욱 완벽해집니다. 완벽한 상태는 더는 버릴 것이 없을 때입니다.

거대한 공룡 기업들도 버리고 있습니다. 변하고 있습니다. 혁신이라 쓰고 몸부림이라고 읽습니다. 왜냐하면, 그들이 구축한 견고할 것 같았던 아성도 경쟁하고 무너지고 있기 때문입니다. 그들도 가벼워지려고 버리고 있습니다.

국내에는 보험사로 더 잘 알려진 글로벌 금융기업 ING의 회장 랄프 해머스는 고객이 온라인으로 업무를 볼 때 클릭 수를 2개 줄일 수 있도록 개선하면 축하파티를 연다고 했습니다.

모두 혁신을 찾아 헤매고 있습니다. 혁신은 가장 중요한 것을 빼는 것입니다. 버리는 것입니다. 그런 점에서 그들은 대단히 잘하고 있다고 봅니다. 그들도 버리는 데 초보에다가 영세한 자영업자인 당신이 못 버릴 이유가 없습니다.

최근 한국에 입점해서 카페 역사상 유일무이하게 4시간씩 줄 세우는 커피전문점 블루보틀은 오직 커피에 집중하기 위해 시럽과 파우더를 버렸습니다. 다양한 사이즈도 버렸죠. 블루보틀에는 한 사이즈만 있습니다. 맛에 영향을 미칠 수 있는 수많은 변수를 최소화하기 위해서입니다.

품질 유지를 위해 주 수입원이던 원두 도매사업도 버렸습니다. 겉으로 내세운 표면적인 가치는 '고객의 순도 높은 경험'입니다. 그래서 와이파이와 콘센트를 버렸습니다. 와이파이와 콘센트를 갖추고 커피가 아니라 공간을 판다는 스타벅스와는 대척점에 서 있다고 보면 되겠습니다. 그런 편의시설을 버림으로써 고객들이 오래 머물기 어렵게 만드는 결과를 가져왔습니다. 그들이 의도한 것인지도 모르지요. 그들은 매장에 오래 머무는 고객을 버림으로써 더 많은 고객을 줄 서게 했습니다. 버리면 얻게 될 것들에 깊은 고민을 해야 하는 아주 좋은 사례라고 생각합니다.

패스트푸드 시장이 격변 중입니다. 채식주의자들을 향한 구애를 시작했습니다. 그들이 비주류로 남아 있을 때는 별로 관심이 없었지만, 이제 그들도 주류고객이 되었기 때문입니다.

닭고기 없는 KFC, 소고기 없는 버거킹 와퍼, 치즈 없는 피자헛 피자, 소시지 없는 이케아 핫도그, 고기 없는 타코벨 크런치랩, 퀘사디아, 부리또가 있습니다. 그들은 거대한 몸집을 유지하고자 세상의 먹거리를 향해 이렇게 변하고 있습니다.

그들을 따라 하라는 것이 아닙니다. 그들은 모든 고객을 겨냥하기 때문에 그들의 정체성에 맞는 다양한 전략을 수립할 수 있습니다. 그러면 처음 시작하는 초보 창업자라면 어떤 고객을 대상으로 해야 할 것인가, 뭘 더 버리면 자신이 편해질 것인가를 고민해야 합니다. 그 고민은 역시 하나만 하는 것으로 시작됩니다.

건강하고 매일 한 통씩 먹어도 살이 빠지는, 설탕을 버린 아이스크림으로 북미시장을 양분하고 있는 하겐다즈와 벤앤제리를 위협하는 헤일로 탑이라는 회사가 있습니다. 사이즈는 파인트 하나뿐입니다. 단일 품목에서는 이미 하겐다즈의 매출을 넘어서고 유니레버로부터 거액의 매각제의도 일언지하에 거절해서 화제가 됐습니다.

38살에 당뇨 위험 진단을 받은 창업자인 저스틴 울버톤은 아마존에서 2만 원짜리 아이스크림 제조기를 사서 설탕 없이도 아이스크림과 같은 맛을 낼 수 있는 아이스크림 제조 연구를 했습니다. 18개월 만에 최적의 공식을 찾아내고 사업을 시작했습니다. 그가 겪은 우여곡절이나 지금의 거대한 결과는 애초에 다르게 시작하고 가벼웠던 덕분입니다. 국내에도 비슷한 회사가 생겼습니다.

칙필레이는 여타 거대한 패스트푸드 회사들과 달리 국외 진출을 버렸습니다. 미국 내에만 집중했습니다. 그리고 오직 치킨에만 집중했습니다. 거대 프랜차이즈 치킨점으로서는 하기 어려운 냉동 닭을 버리는 선택을 합니다. 그리고 유통을 지역의 냉장 닭으로 바꿉니다. 지역 점주들에게 농장의 선택권을 주고 신선한 재료를 공급받습니다. 본점의 권위를 버리고 점주들과 고객의 충성심을 얻었습니다.

경쟁업체인 KFC의 평균 창업비용이 14~30억 정도인 것에 비해 칙필레이는 대부분 비용을 회사가 부담하고 점주가 부담하는 금액은 1천만 원 정도에 불과합니다. 그만큼 점주 선발에 까다로워 경쟁 역시 치열합니다.

그들은 뭐를 위해 그 많은 기득권을 버렸을까요? 아이러니하게도 작은 기득권을 버림으로써 더 거대한 기득권을 가졌습니다. 본질에 집중한 경영진의 탁월한 선택으로 생각합니다. 국내에도 칙필레이와 같은 철학을 가진 기업들이 많아지길 바랍니다.

거대한 기업들 말고도 앞서 언급한 적이 있는 작은 식당들은 많은 것들을 버리고 하나만 팔고, 단순화함으로써 가벼워지고 견고해졌습니다. 처음부터 견고해지기는 어렵습니다. 버리고 시작하면서 견고해진 것입니다. 그럼 처음 시작하는 초보 창업자가 버려야 할 것들을 한 번 살펴볼까요?

매입세액공제와 불공제

모든 사업자는 부가가치세 매입세액공제를 많이 받고 싶어 한다. 그리고 많이 받아야 한다. 부가가치세 납부세액이 줄어들기 때문이다. 그런데 매입세액공제의 전제조건을 알아야 한다. 바로 사업과 관련된 지출을 적격증빙의 형태로 발급받았는가다. 꼭 그렇지만은 않은 경우도 있다. 사업과 관련되고 적격증빙을 수취했는데도 매입세액공제를 받을 수 없는 경우를 보자.

자동차가 대표적이다. 많은 사업자가 모든 자동차는 사업용으로만 쓰면 매입세액공제를 받을 수 있다고 여긴다. 경차, 9인승 이상의 승합차, 화물차를 제외한 자동차는 매입세액공제를 받을 수 없다. 해당 자동차는 구입부터 운용에 필요한 모든 경비를 적격증빙의 형태로 수취하면 부가가치세 매입세액공제를 받을 수 있다.

그런데 홈택스에서 확인해 보면 공제 대상 자동차인데도 홈택스에 등록된 카드로 사용했는데 불공제에 체크되어 있다. 이럴 때는 공제로 바꿔줘야 한다.

모든 항목이 자동으로 불공제와 공제로 분류되는 것이 아니라 사업자가 직접 확인하고 정리해야 한다. 매월 비용을 지급한다고 해서 세무 대리인이 해 주지 않는 일이다. 그들이 해 줄 수 없는 일이다. 절세는 아는 순간부터 이루어진다는 것을 알아야 한다.

또, 사업과 관련된 지출인데도 적격증빙을 수취하지 못할 때도 있다. 임대인이 간이과세사업자인 경우에 지불하는 임대료 같은 경우다. 간이과세사업자는 세금계산서를 발급할 수 없기 때문에 통장거래내역과 임대차 계약서를 확보해 두고 종합소득세 신고 시 필요경비 처리를 받을 수 있다.

그리고 식자재를 사업자가 아닌 농어민이나 개인에게 살 때도 적격증빙을 수취할 수 없다. 농어민이나 개인으로부터 직접 공급받은 농산물 등의 가액에 대해 의제매입세액공제를 받을 수 있다. 의제매입세액공제신고서에 농산물 등을 공급한 농어민 성명, 주민등록번호, 건수, 품명, 수량, 매입가액을 써내면 된다. 매입세액공제와 불공제는 다음 해 종합소득세 신고 시 연동이 되는 중요한 내용이다.

후불제를
버려라

이미 선불제는 일반화하고 있습니다. 그렇지만 여전히 선불을 받는 것에 익숙하지 않은 것은 오래된 고정관념 탓입니다. 후불제가 익숙한 것 같지만 사실 우리는 오래전부터 선불에 익숙해져 있었습니다. 그것도 몇천 원, 몇만 원이 아니라 수억 원의 돈을 선불로 지급해 오고 있었죠. 약속한 상품을 받기도 전에 거액의 돈을 지급해 왔는데, 정작 물건 팔기 전에 돈부터 받으라고 하면 당황합니다. 아파트를 그렇게 사 왔죠.

요즘 생기는 웬만한 식당들은 입구에 키오스크를 설치해 놓고 주방에서 조리를 시작합니다. 기존 시스템을 바꾸기도 하고요. 주문번호를 알림창으로 띄워주고 고객이 찾아가서 먹고 빈 그릇은 스스로 반납하는 방식을 택하고 있습니다. 이 방식도 낯선 것 같지만 이미 오래전부터 고속도로 휴게소, 백화점, 또는 대형마트에서 운영해왔죠.

인건비가 오른 탓도 있지만, 점점 첨단화되고 있는 기술에 점점 익숙하게 되겠죠. 우리는 늘 낯선 환경에 직면해 왔고 그 낯선 환경에 익숙해지고 적응해 왔습니다. 지금은 상상도 할 수 없는 일이지만 불과 십여 년 전만 해도 시내버스 안에서 담배를 피우기도 했습니다. 몇 년 전에는 식당에서도 당구장에서도 당연하게 생각했던 흡연이 이제는 말도 안 되는 일이 돼버린 것처럼 말이죠. 이처럼 지금은 도저히 안 될 것 같은 우리가 버려야 할 모든 것들이 어느 정도 시간이 지나면 당연한 것들이 될 수도 있습니다.

그럼 후불제를 버리는 것이 그렇게 부담스럽지는 않죠? 일단 돈부터 받습니다. 입구에서 결제하고 난 후 자리로 안내해 줍니다. 굳이 돈 들여서 커다란 키오스크를 설치할 필요가 없습니다. 왜냐하면, 우린 하나만 팔기로 했으니까 사람 수에 맞춰서 돈만 받으면 되기 때문입니다. 그마저도 귀찮다면 설치하시고 결제하도록 하면 되긴 합니다.

부부가 같이하면 가장 좋겠습니다. 혼자 돈 받고, 주문받고, 조리해서 서빙하고, 치우는 것은 어렵기 때문입니다. 성장기 아이들을 둔 부부라면 아이들을 어디든 보내고 출근한 부부가 오전에 준비해서 점심 장사만 두 시간 이내에 마치고 정리하고 2시 늦어도 3시에는 퇴근합니다. 아주 이상적인 경우입니다. 만약 혼자 해야 한다면 조금 더 수월한 동선과 시스템을 고민해 봐야겠지요.

창업 초기 소량으로 한정 판매를 하기 때문에 대기자는 앞에서 번호표를 받든, 명단을 작성하든 가게 앞에 설치된 안내판에서 남은 수량을 확인할 수 있습니다. 어느 시점에 매진(sold out) 안내판을 겁니다. 애써 줄을 섰다가 못 먹게 돼서 화를 내기도 하고, 억울해하기도 하면서 돌아서는 고객이 있더라도 너무 상심하지 마세요. 어차피 다시 오게 돼 있습니다.

하나만 팔기 시작하면 대기가 시작되는 시간이 점점 앞으로 당겨지고, 대기 줄이 점점 길어지는 시기가 옵니다. 대기하는 동안 미리 결제받고 나면 자동 주문이 되는 것입니다. 여기서 주의해야 할 점은 조리 시간과 먹고 나가는 시간을 잘 계산해야 한다는 것입니다. 주문받고 조리한 음식이 빈자리가 생기기도 전에 완성되어 버리고, 식어버린 음식을 받게 되는 일이 없어야 하기 때문입니다. 대기 줄이 길어지기 전에 완성해야 할 시스템입니다.

그때까지 당신이 해야 할 일은 오직 단순화와 일관성을 갖추기 위한 노력입니다. 어떤 걸 더 버릴 수 있을지 고민하는 것입니다. 그러려면 중심을 잘 잡고 가야 합니다. 애초에 다르게 시작하겠다는 각오 말이죠. 반대로 하겠다는 중심가치를 깊게 뿌리내려야 합니다. 줄이 길어진다고 계속해서 팔면 안 된다는 것도 지켜야 하고 말이죠. 창업 초기 더 팔 수 있는데도 안 판다는 것, 그게 어려울 수도 있지만, 한정 수량 판매를 즐길 수 있어야 합니다.

사이드를
버려라

많은 자영업자가 힘든 가장 큰 이유 중 하나가 본질보다 비본질에 집중하기 때문입니다. 자신이 주력으로 팔고자 하는 것이 무엇인지 놓치기 때문에 자꾸 힘든 상황을 만나게 됩니다.

반찬이 많은 가게는 메인 메뉴가 부실할 수밖에 없습니다. 부산지방법원 동부지원 근처에 자주 가는 정식집이 있습니다. 불고기백반, 동태탕, 그리고 알탕을 팝니다. 7,500원짜리 불고기백반을 시키면 반찬이 무려 열두 가지가 넘게 나옵니다.

보통 정식이라고 나오는 집에 가면 만들어 놓은 반찬들이 나오기 마련이라 별로 따뜻하지 않거나 온기라곤 없는 상태로 나오지만, 이 집은 따뜻하거나 뜨겁게 내어줘서 정말 집에서도 힘든 호사를 누리곤 합니다. 반찬으로 나온 동태전을 무심코 입에 넣었다가 입천장을 홀랑 덴 적도 있습니다. 바로 구워서 나왔기 때문입니다.

게다가 단골이라고 계란말이, 김치전, 해물전 등을 새로 구워서 빈 접시를 채워 주시는 통에 웬만해선 하지 않는 두 그릇을 먹게 됩니다. 불고기의 맵고 짜거나 하는 맛의 변화와 육질은 불만을 가질 필요도 없습니다.

그저 이 고맙고 풍성한 밥상을 받는 저로서는 고맙지만, 도대체 그 돈 받고 이 정도로 차려내려면 남는 게 없는 건 둘째 치고 이 많은 반찬을 준비하느라 도대체 몇 시에 출근하시냐고 물어봤습니다. 아침 7시에 나와서 준비하신다고 하십니다. 그리고 밤늦게까지 영업하고요. 법원 앞이라 저녁엔 손님도 없을 텐데 매출이 부진하니 더 오랫동안 영업하는 길을 택합니다. 그리고 가까운 곳은 포장 배달까지 시작하셨어요. 정식으로 요청하지 않아서 오랜 시간 말씀을 나누진 못했지만, "포장 배달은 하지 않으시면 좋겠다, 그리고 반찬 수를 좀 줄이시면 좋겠다, 돈 벌려고 장사하는 거지, 손님 좋으라고 장사하시는 거 아니잖으냐, 사실 이 좋은 식당 망할까 봐 걱정돼서 드리는 말씀이라며 동태탕, 알탕도 하지 마시고 불고기백반만 하시면 어떻겠냐" 여쭤봤는데 동태탕, 알탕을 찾는 손님을 버릴 수 없다고 하십니다.

50대 부부와 두어 분의 주방팀이 운영하고 있었는데요. 그렇게 반찬이 많으면 만드는 것도 만드는 거지만 설거지도 힘듭니다. 잔반도 많이 나올 수밖에 없죠. 그래서 메뉴를 줄이기만 해서는 안 됩니다. 모든 곁가지 반찬들을 버리면 설거지해야 할 그릇이 줄어들고 수월해집니다. 식기세척기가 잘 나왔다 하더라도 마찬가집니다. 결국, 사람이 정리해야 합니다.

앞서 정식 하나만 제대로 하는 집이 되어야 한다는 얘기와 결을 같이 합니다. 그래서 찬이 적을수록 좋습니다. 불고기백반에 좀 더 집중하면 됩니다. 반찬 줄이고 더 좋은 고기 쓰면 재료비가 살짝 더 들 수도 있지만, 그 많은 반찬 준비하는 인건비가 안 듭니다. 그러면 잔반도 줄고 주방에 수백 개의 그릇도 필요하지 않습니다. 수많은 다양한 조리기구도 마찬가지입니다.

모든 것이 가능한 주방은 모두와 경쟁하는 것입니다. 최소한의 비용으로 자신에게 필요한 최소한의 시설만 갖추세요. 굳이 가게 이름 새긴 그릇 맞출 생각도 하지 마세요. 중고 식기도 좋습니다. 깨끗하고 깔끔하기만 하면 됩니다.

그런 다음 며칠 후에 방문했을 때 찬을 몇 가지를 줄이니까 출근 시간을 2시간 정도 늦출 수 있게 됐다고 하시면서 건강 상태가 급격히 나빠지고, 잠을 충분히 못 자서 너무 힘들다고 하셨죠.

당연한 결과입니다. 버릴 수 있는 걸 과감하게 버릴 때 더 많은 것을 얻을 수 있습니다. 건강도 챙기시고 고객도 더 생기게 됩니다. 많고 뜨거운 반찬에 감동하는 저 같은 고객을 버리고, 메인 메뉴에 감동할 저 같은 고객을 노리면 일이 수월해집니다.

냉장고를
부탁해

언제부턴가 냉장고가 우리 삶에서 차지하는 비중은 무지막지합니다. 장사 현장으로 가면 더 심각하죠. 모든 식재료를 취급하는 곳에서 냉장고와 냉동고는 필수품입니다.

식재료는 큰 고민 없이 무조건 냉장고에 집어넣고, 자주 찾지 않거나 안 팔리는 것들은 결국 수분이 빠져 말라 비틀어지거나 냄새가 밴 식재료가 됩니다. 메뉴가 많은 식당에 가면 회전율이 낮은 다양한 식재료들이 냉장고 안에서 이런 과정을 겪고 있다고 봐도 무방합니다.

그런 신선하지 않은 식재료로 조리한 음식이 맛있을 리 있나요? 고객이 만족하고 재방문할까요? 아무리 전단을 돌리고 온갖 마케팅을 한다고 해서 매출이 늘어날 리가 있나요? 냉장 식품도 그러한데 냉동 식품의 한계는 너무나 분명합니다. 그러면 갖은양념과 조리법으로 보완하려고 하지만 그 한계도 분명하죠.

금방 상하는 육류나 생선 같은 재료는 당연히 냉장 보관해야 하는 거라는 고정관념도 버리면 좋겠네요. 그날그날 다 팔아버리면 되기 때문입니다. 메뉴가 하나라서 할 수 있습니다. 필요한 만큼 조금씩, 자주 식재료를 사면 충분하니까요. 서로 신뢰하고 거래를 원하는 고정거래처가 있다면 매일 신선한 재료를 조금씩 받아쓸 수 있습니다.

냉장고를 버릴 수 있으면 좋겠습니다. 버리라고 쓰고 싶지만, 제안만 하기로 하죠. 그러면 그날 아침에 구매하고 그날 모두 다 팔고 끝나는 장사가 가능합니다. 가능하다기보다 추구해야 합니다. 계산해 보면 됩니다. 하루에 얼마나 팔 것인가를 정하고 준비해서 팔아보면 알 수 있습니다.

냉장고가 없는 집이라니요. 그것 하나만으로도 '와우' 마케팅이 됩니다. 그날그날 신선한 재료로 조리하는 건강한 맛집이라는 타이틀을 아주 쉽게(?) 얻게 됩니다. 그러면 다른 곳보다 조금 더 비싸더라도 경쟁하지 않고 더 빨리 팔 수 있습니다. 그래서 냉장 보관이 필요한 재료의 재고율 제로에 도전해야 합니다. 이룰 수 있습니다. 총각네 채소가게의 이영석 대표가 했던 것처럼요.

세상에 채소와 과일을 팔면서 냉장고가 없다는 게 말이돼? "돼!"라는 답이 구석진 골목에서 비싸게 팔아도 재고율 제로를 달성하게 하고 꾸준한 매출 상승을 끌어낸 핵심 동력이 되었습니다. 냉장고에 냉동고부터 사고 시작하는 다른 모든 경쟁자와 다르게 시작하세요. 비용이 적게 든 만큼 본질에더 잘 집중할 수 있습니다. 가게 이름을 그냥 '냉장고를 부탁해'로 지어 볼까요?

좀 더 건강하게, 자연스러운 방식으로 질 좋은 먹거리를 건강하게 즐기는 '세계의 냉장고 없는 부엌'을 찾아 나선 디자이너 류지현의 《사람의 부엌, 2017.4, 낮은산》 책을 참고해서 식단을 설계해 보는 것도 좋을 것 같습니다.

상온에 보관이 가능한 식재료는 어떤 것이 있는지, 저온에보관하면 빨리 상하고 고유한 맛도 떨어지는 식재료는 어떤 것이 있는지, 어떻게 보관하면 더 오래 신선하게 유지한 상태로 조리할 수 있는지 알고 시작하면 훨씬 더 경쟁력이 높아지 겠죠?

남들이 다 파는 방식을 벗어난 자신만의 특별함은 냉장고를 버림으로써 갖출 수도 있게 됩니다. 냉장고를 멀리하면서 식재료와 더 가까워질 방법을 찾으시길 바랍니다.

밭에서 방금 캔 것 같은 양배추와 당근 등의 식재료로 음식을 만드는 식당이 되어 보는 건 어떨까요? 열 배나 비싸지만, 하루에 30인분만 판다면, 보름 전에 예약하고 결제한 사람만 먹을 수 있는 식당이 될 수도 있습니다. 어떤 선택을 하건 모든 건 당신에게 달려있습니다.

지구환경 걱정을 버려라

요즘 플라스틱 저감 캠페인이 한창인 것 같습니다. 플라스틱이 지구환경에 미치는 영향은 막대하다 할 수 있죠. 좀 이기적인 얘기 같지만, 굳이 나까지 소명의식을 갖고 동참할 필요는 없다고 생각합니다. 만약 도저히 안 될 것 같으면 집에서는 플라스틱 제로 캠페인 하세요. 플라스틱 안 쓰기 운동!

하지만 돈 벌자고 시작한 사업장에서는 일회용 플라스틱 좀 쓰면 좋겠습니다. 생수병요. 이미 쓰고 계신 분들도 많습니다. 그분들이 환경파괴론자들인가요? 그래서 계속 씻어서 써야 하는 물통과 컵을 버리면 좋겠습니다. 물통과 컵은 깨끗이 씻고 말려둬야 할 번거롭지만 중요한 기자재입니다. 그런데 물통은 대부분 입구가 좁아서 제대로 씻기도 어려운 데다 건조와 보관도 번거롭죠.

스테인리스나 유리병으로 쓰는 것도 부담됩니다. 그조차도 씻기 어려운 건 마찬가지죠. 오래된 물때가 낀 물통은 결국 교체해야 합니다. 비용이 들어갑니다. 공간을 차지하고 일이 많아집니다. 크게 드러나지 않지만, 지속해서 소모되는 비용입니다. 가장 멀리해야 할 상황이죠.

번잡함과 고정비용 발생은 피해야 합니다. 줄여야 합니다. 간혹 식당에서 물기 묻은 그릇이나 컵을 내어줄 때가 있는데, 미간이 찌푸려지는 경험은 다들 있으시죠?

일회용 생수를 제공하는 것을 고민해 보기 바랍니다. 정수기와 일회용 종이컵을 비치하고 셀프로 운영하는 것도 좋습니다. 비용 부분은 유지관리비 측면에서 비교해 보면 별 차이 없습니다. 종이컵이 가장 저렴하겠네요.

간혹 자영업자 중에 지구의 환경을 걱정하는 환경론자들이 있긴 합니다만, 굳이 당신까지 그런 고민을 할 필요는 없다고 봅니다. 온갖 메뉴를 다 갖추고 매일 먹다 남거나 썩은 음식쓰레기를 배출하고, 음식물은 넣지 말라는 종량제 봉투에 넣어서 버리는 수많은 자영업자가 환경파괴의 주범들 아닐까요?

음식쓰레기 배출이 많은 가장 큰 원인은 감당하기 어려울 정도로 다양한 메뉴와 반찬으로 생각하지 않나요? 하나만 제대로 하기로 했다면 당신의 매장에서 최소한 먹다 남은 음식쓰레기는 훨씬 더 적을 테니까요.

물론 그 외에도 수많은 비난이 난무할 수 있습니다. 입을 대고 마시라는 거냐? 불법 아니냐? 너무 개의치 말고 일회용품 규제에 관해서는 관할 관청 위생과에 가서 문의해 보기 바랍니다. 전화 말고 직접 찾아가서 대면 상담을 하는 것이 가장 좋습니다.

장사뿐만 아니라 일상적으로 대부분 겪거나 접하게 되는 공공기관이나 관공서에 관련된 일을 처리하는 팁이 있다면, 어떤 일이든 직접 찾아가서 최대한 간절하게 부탁하듯 조언을 구하는 것입니다. 그들은 정말 많은 재량권을 가지고 있고, 간혹 성심성의껏 도와주기도 합니다.

장사하다 보면 반드시 공단이나 관공서에 많은 볼 일이 생기거든요. 국민연금공단, 건강보험공단, 고용노동부, 세무서, 시청, 도청, 구청 등에서 받을 수 있는 도움은 의외로 많습니다. 그리고 모든 일은 아는 체할 필요는 없습니다. '잘 몰라서 그러는데', '어디선가 들어보니 이런 때 있는 것 같던데', '나는 어떻게 하면 좋겠냐', '선처를 부탁한다', '좀 도와달라'는 식으로 접근하면 생각보다 많은 일이 쉽게 해결됩니다. 갑자기 큰돈을 납부해야 할 일이 생길 경우, 최대한 분할 납부할 수 있도록 해 달라고 사정하면 방법을 찾아 주기도 합니다.

관공서에 민원을 제기할 때는 악성 민원이 되지 말고 강성 민원인이 되시기 바랍니다.

사업하면서 거래 증거로 남기는 서류를 증빙이라 하고 그중 적격증빙이라 함은 공식적으로 인정해 주겠다는 뜻이다. 적격증빙의 종류는 세금계산서, 신용카드전표, 현금영수증, 계산서 딱 네 가지뿐이다.

아주 흔한 주의사항이라면 현금영수증을 발급받을 때는 지출증빙용으로 사업자등록번호를 써넣어야 한다는 것이고, 사업자등록증 발급 전에는 사업자의 주민등록번호로 현금영수증을 발급해도 되지만, 사업자등록 후에는 주민등록번호로 발급받은 현금영수증은 부가가치세 매입세액공제를 받을 수 없다는 것이다.

계산서는 면세사업자에게 살 때 받는 것으로, 부가가치세를 포함하지 않는 세금계산서라고 생각하면 된다. 사고팔면서 적격증빙을 주고받으면 부가가치세와 종합소득세 신고 시 합계액만 써넣으면 된다. 세무관청과 상대 거래처까지 공유하는 증빙이기 때문에 빼고 말고 할 것도 없다. 있는 그대로 신고하면 산정된 부가가치세와 종합소득세를 납부하면 된다.

통상 적격증빙을 발급하는 경우의 거래를 '드러난 매출'이라고 표현하는데, 이 드러난 매출을 축소 신고하는 경우가 세무조사를 받는 대부분의 사유다. 그런데 한번 생각해 보면 이상하다는 것을 알 수 있다. 대부분 사업자가 세무대리인을 고용하고 세금 신고를 맡기는데 왜 이런 일이 생기는 걸까? 그건 세무대리인이 실수하거나 사업당사자가 역시 실수로 증빙서류를 누락시키고 세무대리인에게 전달하지 않았을 때다.

세무서에 가보면 '세무에 관한 모든 책임은 납세자 본인에게 있다'라는 안내문이 붙어있다. 자기 사업을 위한 매입·매출에 관한 자료를 평소에 철저히 챙기고 장부를 작성하는 습관을 들이면 세금 신고가 편해지고 누락 여부를 체크할 수 있다.

모든 서비스를
버려라

이건 사이드를 버리는 것과 비슷하지만 약간 차이가 있습니다. 각종 서비스를 모두 버리세요. 커피나 후식 음료가 제일 많은 것 같네요. 항상 본질에 집중하면 하지 말아야 할 것들이 보입니다.

간혹이라기보다 대부분 식당에서 식사를 마치고 계산할라치면 카운터 옆에 믹스커피 자판기를 놔두기도 하고, 식혜나 수정과를 제공하기도 합니다. 보통은 수준 이하의 맛입니다. 좋은 재료를 쓰지도 않지요. 그러기도 어렵고요. 고객으로서는 음식 맛있게 잘 먹고 그에 걸맞은 수준의 음료면 좋겠지요. 그런데 그런 수준을 맞추려면 또 비용이 추가됩니다.

낮은 수준의 음료에도 당연히 비용은 들어갑니다. 굳이 그런데 돈을 쓸 이유가 없습니다. 차라리 그 비용으로 본질에 더 집중해야지요. 얼마 전에 갔던 무한리필 돼지갈빗집은 탄산음료 4종류가 무료로 제공되던데요. 웬만해선 입에 들어간 음식이 다시 입으로는 안 나오는데 바로 뱉었습니다.

주고도 욕먹을 짓은 안 하는 게 맞습니다. 무료로 주다 보니 물론 식사비용에 포함됐겠지만, 좋은 재료를 쓸 리도 만무하거니와 관리도 소홀할 수밖에 없습니다. 비용이 덜 들어간다고 하지만 사람이 움직여야 하고 여기에 또 돈이 듭니다. 인건비죠. 한 번 생각해 보면 어렵지 않습니다.

당신의 품격있는 음식을 먹은 고객들이 진짜 원하는 게 뭘까요? 갓 내린 신선한 원두커피일까요? 맛있게 당신의 음식을 먹고 난 후에요? 그런 커피는 그런데 가서 먹으라고 해야 합니다. 옆집에 그런 집이 있다면 협약을 해서 후식으로 비용을 받고 제공하든지요.

지인 중에 예전에 돼지갈비만 팔던 분이 계십니다. 길진 않지만 줄까지 서서 먹는 보기 드문 고깃집이었죠. 쌈 채소조차 주지 않고 밥과 된장국만 팔았는데 워낙 손님들이 냉면을 많이 찾으니까 그냥 맞은편의 냉면집 사장님과 협약을 해서 주문해 줬습니다.

많이 찾는다고 본인이 직접 그 일을 하게 되면 일이 많아지고, 그러면 힘들어지고 본질에 집중하기 어려워집니다. 가뜩이나 숯불까지 피우고 홀 서빙도 다 해야 하는데 냉면까지 신경 쓰면 모든 게 엉망이 될 테니까요. 돼지갈비 맛이 떨어지면 끝나는 겁니다. 그렇다고 냉면 때문에 전문가를 고용할 필요는 더더욱 없습니다.

햄버거를 파는 식당에서 커피 머신에서 뽑은 원두커피를 팔려고 합니다. 왜 다른 탄산음료들도 있는데 굳이 원두커피를 팔려고 하냐고 물어보니 찾는 고객들이 있다는 겁니다.

커피는 우리 전문분야가 아니라서 안 판다고 해야 하는데 그러지 못합니다. 왜냐하면, 만족할 만한 매출이 안 나오기 때문입니다. 고객들이 그 집의 햄버거에 만족하지 않기 때문입니다.

햄버거에 집중해야 합니다. 한 종류의 버거만 팔면서 더 크거나, 맛있거나 할 방법을 찾아야 합니다. 심지어 탄산음료도 캔만 팔아야 합니다. 그거 놓을 냉장고가 없다면 그냥 햄버거만 팔아도 됩니다. 더 많이 남는다고 탄산음료 기계 놓고 매일 청소해야 하는 번거로움과 맛이 변할 수 있는 여지를 버려야 합니다.

당연히 한정 수량이겠죠? 어쨌거나 당신의 햄버거는 다른 데서 탄산음료를 살지언정 꼭 먹어봐야 할 햄버거가 되면 됩니다. 다른 부차적인 것까지 당신이 해 주려고 하지 마세요. 당신이 해야 할 일은 오직 본질 그것뿐입니다.

비본질에 자꾸 신경 쓰지 마세요. 등심만 파는 집에서 된장찌개가 더 맛있어서 그거 먹으러 간다는 얘기가 나오는 걸 불편하게 생각해야 합니다. 자랑스러워할 일이 아닙니다. 불필요한 서비스로 그들의 환심을 사려는 그런 작은 욕심을 버려야 더 거대한 목표를 이룰 수 있습니다. 또 뭘 버릴 수 있을까요?

고객을
버려라

아니 장사해야 하는데 고객을 버리라니? 앞서 언급했지만, 당신이 정성을 다해 준비한 단 한 가지 메뉴 외에 다른 걸 원하는 고객을 버리면 됩니다. 그런 건 다른 데서 드실 수 있도록 보내주세요. 소고기덮밥만 파는데, 다른 데는 다 파는 연어덮밥은 왜 안 파냐고 시비조로 물어보면 '그런 건 다른 데서 드쇼'라고 말할 수 있는 배짱은 없겠죠? 그런 배짱이 있으면 좋겠습니다.

딱 당신만의 특제 김밥 하나만 파는데 왜 돈가스 김밥은 안 파냐고 묻는 사람은 천국에나 가보라고 해주세요.

구이 정식을 파는데 조림은 안 하냐고 물어보는 단골손님을 대접하려고 굳이 메뉴를 추가하지 마세요. 메뉴 추가는 보통 소중한 사람들로부터 제안받고 실행하는 경향이 있습니다. 그들에게 휘둘리지 마세요. 똥고집이라, 아집이라 손가락질할지 모르지만 그건 철학입니다.

아이가 추어탕을 못 먹어서 그러는데 아이가 먹을 만한 메뉴는 없냐고 따지는 사람이 많다고 절대 돈가스 메뉴를 추가하지 마세요. 그냥 아이가 먹을 만한 음식을 파는 곳으로 갈 수 있도록 보내주세요.

하나만 팔기 시작한 극초반에만 생기는 상황이니까 너무 신경 쓰지는 마세요. 언제나 그런 고객들은 있고 어떤 사업이든 마찬가지입니다. 자리를 잡으면 자연스럽게 사라질 고객들입니다.

코스트코는 굳이 비싼(?) 연회비를 내면서까지 살 가치를 못 느끼겠다고 트레이더스로 이탈하는 고객을 잡기 위해 할인한다거나 면제해주는 어떤 노력도 하지 않습니다. 다만 연회비의 가치를 아는 고객을 위해 더 대량으로 더 싸게 준비할 뿐입니다.

싼 것만 찾으면서 불평불만만 많은 진상 고객을 버리고, 내 상품의 가치를 모르는 고객을 버리세요. 매운 음식을 팔고 싶으면 매운 음식 못 먹는 고객을 버리세요. 순한 맛 따위는 준비하지 마세요. 순한 맛을 선택할 수 없도록 해야 합니다.

매운맛도 하나로 정합니다. 간혹 매운맛의 종류가 세 가지나 되는 곳이 있습니다. 매운맛도 선택할 수 없이 오직 하나여야 합니다. 그게 맘에 안 드는 고객은 버리고 시작해야 합니다. 그냥 매운 떡볶이, 매운 닭꼬치, 매운 등등… 뭐든 말이죠.

단체 고객도 버리세요. 지구당이라는 식당은 3명 이상은 단체로 간주하고 입장 자체를 못 하게 합니다. 왜냐하면, 세 명 이상 모이면 시끄러우니까요. 다른 고객들이 조용히 맛있게 먹고 갈 수 있도록 전화 통화도 못 하게 합니다. 조용히 먹겠다고 해도 입장이 안 됩니다.

고객들이 재수 없다고 절대 찾지 않을까요? 일행이 아닌 척하고도 한 시간 이상 기다려야 들어갈 수 있습니다. 간혹 고래고래 소리 지르고 돌아가는 고객도 있습니다. 그런 고객들을 버려야 합니다. 하긴 뭐 이젠 단체 손님 자체가 없어지고 있기도 합니다. 기존의 '연회석 완비'한 식당들은 고전을 면치 못하고 있죠.

노키즈존도 좋습니다. 오직 당신의 철학과 가치로 똘똘 뭉친 기준을 정하세요. 주변의 시선 따위에 휘둘리지 마세요. 60세 이상 출입금지라는 노시니어존, 중고등학생 출입금지라는 노틴에이저존 등 고객을 얼마든지 가려 받을 수 있습니다.

모든 고객을 만족시킬 수는 없습니다. 모든 고객을 만족시키기 위해 모든 메뉴를 준비할 수는 없기 때문이죠. 만약 그런 시도를 한다면 결국 아무도 만족시키지 못하게 됩니다.

세상 어떤 여자든 모든 여자에게 잘해주는 남자보다 자신에게만 잘해주는 남자가 필요하지 않을까요? 당신이 제공하는 오직 하나뿐인 메뉴의 가치를 아는 고객만을 위해 준비하세요. 한 번도 경험해보지 못한 특권을 누리게 됩니다.

당신의 상품이 유명세를 치르고 나면 경쟁자들은 따라 할 엄두를 못 냅니다. 왜냐하면, 그들로서는 도저히 수긍하기 어려울 정도로 비싸기 때문입니다. 자신은 그 돈 받고 팔 자신이 없기 때문입니다. 그래서 흉내는 낼 수 있지만 싸게 팝니다. 주변에 그런 곳이 생긴다 하더라도 걱정할 필요 없습니다. 그곳은 어쩔 수 없이 당신의 비싼 상품을 달갑지 않게 먹던 진상 고객들을 흡수할 것이기 때문입니다. 이렇게 고객들을 버리는 것은 일상이어야 합니다.

고객과의 대화도 버리세요. 하나만 팔기로 했다면 당연히 메뉴판은 필요 없겠죠? 주문도 필요 없고 돈 내고 앉으면 인원수에 맞게 세팅해주면 알아서 먹고 나가는 방식이죠. 그러면 고객과의 대화를 최소화할 수 있습니다. "어떤 게 맛있어요? 우리 집은 다 맛있어요." 이런 서로가 불편한 대화도 버릴 수 있습니다. 굳이 친절과 불친절의 경계를 넘나드는 고객을 상대로 하는 감정노동도 필요 없습니다.

그래서 요즘 많은 가게가 키오스크를 설치하고 있긴 합니다. 하나만 제대로 파는 곳이라면 오직 인원수에 맞춰 선불 결제를 위한 키오스크가 필요할 뿐이죠. 그들이 궁금해할 만한 것들을 크게 써 붙여 놓으세요. 영업시간, 남은 수량, 화장실 위치, 선불 안내, 물과 반찬은 셀프 말고 또 뭐가 있을까요?

맛을
버려라

음식의 맛이라는 건 개인의 성향에 따라 상당히 주관적입니다.

맛이 좋다고 소문이 나면 그곳이 어디에 있든지 사람들은 어떻게든 알아내고 찾아갑니다. 또 맛있다는 집에 가서 줄 서서 먹어보면 또 대단히 맛있는 것도 아니거나 오히려 동네에 있는 평범한 집이 더 낫다는 얘기도 합니다.

그래서 보통이나, 일반적인 평균의 맛을 버리는 것도 주목할 만한 방법이 될 수 있습니다. 일반적인 맛에 질린 비주류를 대상으로 시작하는 것도 나쁘지 않습니다. 요즘은 달고 짠 음식이 유행이라 어딜 가도 그런 맛의 음식을 먹게 되는 것 같습니다. 그래서 오히려 자신만의 맛을 오랫동안 지켜온 곳은 그대로 유지되는 것 같기도 합니다.

비주류를 대상으로 하는 것은 극도로 매운 음식만 팔거나, 신선한 재료만으로 전혀 간을 하지 않은 음식을 파는 것만으로도 얼마든지 줄 서게 할 수 있다는 말입니다.

다양한 맛을 버리고 하나의 맛만을 고집하는 것도 좋습니다. 대부분의 식당에서 맵고 순한 맛을 여러 종류로 나눠서 판매하지만, 굳이 그 많은 종류의 맛을 준비할 필요가 없습니다. 일이 번거로워지기 때문이죠. 단순화를 항상 염두에 두면 좋겠네요.

수영구 광안동에 가면 오래전부터 유명한 닭발집이 있습니다. 연제구 연산동에 있을 때부터 줄 서서 먹던 곳이었는데, 수영구로 확장 이전하면서도 유명세를 그대로 이어간 대표적인 경우라고 보면 되겠습니다.

메뉴는 닭발과 조개탕입니다. 거의 세트 메뉴화돼 있어서 선택의 여지가 없습니다. 닭발은 맵기 조절이 안 됩니다. 딱 보통 매운맛 정도입니다. 그래서 많이 매운 걸 먹고 싶거나 좋아하는 사람은 별로 좋아하지 않습니다. 단맛이 난다고 합니다. 보통의 매운맛을 즐기는 일행을 따라온 경우가 대부분이죠.

단일화의 방향성은 각자 정하기 나름입니다. 어떤 맛을 취하고 어떤 맛을 버릴 것인지는 창업자의 취향과 결정입니다.

홍어 전문점은 지역별로 맛의 차이가 있습니다. 호남 지역으로 가면 깊은 숙성도를 자랑하는 집이 많은데 영남 지역에는 장사 자체를 하기가 힘듭니다. 주변에서 냄새가 심하다는 불만들이 많기 때문이죠. 그래서 조금 구석진 곳에서 전남 지역에나 가야 먹을 수 있을 정도로 아주 푹 삭힌 고농도(?)의 홍어를 파는 집은 마니아 층을 확보하고 있습니다. 굳이 전남까지 가지 않아도 먹을 수 있다면 조금 비싸더라도 사 먹을 수 있기 때문입니다.

오사카까지 가서 3시간 이상 줄 서서 3만 원을 내고 돈가스 하나를 먹는 것보다, 비슷한 품질의 3만 원짜리 돈가스를 판다면, 다른 모든 돈가스 가게의 돈가스가 1만 원을 넘지 않더라도 굳이 더 비싼 당신의 돈가스를 먹을 고객은 얼마든지 있습니다.

모든 비주류를 대상으로 상품을 준비한다면, 다만 그냥 맛이 없는 경우는 피해야겠죠. 예전에 MSG가 논란이 된 적이 있었는데요. 짜장면 소스 만드는 데 화학조미료를 너무 많이 넣는다며 건강에 좋지 않다는 뉴스가 세간에 오르내릴 때 맛을 버리는 집이 등장해서 눈길을 끌었습니다. 커다란 전골솥 옆에 화학조미료를 통째로 놔두고 맛이 심심할 수 있으니 넣고 싶은 사람은 직접 넣어 먹으라는 안내문이 있었는데, 고객들에게 선택권을 주고 나니 대부분 그냥 맛없는 채로 먹더라는 얘기였어요. 그들은 인공적인 맛을 버리고 건강을 택했습니다. 물론 나중에 MSG를 많이 써도 건강에는 문제없다는 발표를 어디선가 본 것 같습니다.

상권을 버려라

처음 시작하면 가장 먼저 고민하는 것이 상권입니다. 하지만 상권은 버려야 할 것 중 최우선 순위입니다. 앞서 언급한 그 모든 것을 버리기 위해 선행해야 할 것이 상권을 버리는 것입니다.

상권을 버리지 못하면 다른 모든 것을 버리기 어렵습니다. 상권에 집착할수록 너무 많은 돈이 들어가기 때문에 본질에 집중할 수 없는 것입니다.

비싼 임대료를 내면 최소한의 매출이 필요하니 작게 시작하기 어렵고, 그러려면 한 번도 고용해 본 적 없던 직원을 채용해야 하고, 일정 이상의 매출에 매달리면 모든 고객을 버릴 수 없고, 그 고객들이 찾는 메뉴를 추가하게 되고, 더 오랫동안 일해야 하고, 가장 독이 될 수 있는 마케팅도 할 수밖에 없는 지경에 이르게 됩니다.

이 모든 과정은 돈과 관련이 있습니다. 막대한 비용과 납부해야 할 세금입니다. 처음이라 잘 모르는 초보 창업자가 계속되는 악순환 속에서 몸도 마음도 지쳐가면 모든 게 한순간에 무너집니다. 지금 시장에서는 십수 년간 장사해 온 베테랑조차 속수무책으로 당하기도 합니다. 자신이 어쩔 수 없는 외부 환경의 변화 때문에 말이죠.

모두가 무너지는 상황에서 무너져서도 무너지고 싶지도 않은 당신이 상권을 버려야 하는 이유를 한 번 볼까요?

가장 중요한 건 초기 투자비용의 절감을 위해서입니다. 유동인구 많고 역세권이라는 소위 목 좋은 곳은 월세가 무지막지합니다. 그런 곳에 들어가면서 인테리어도 대충하지 않습니다. 눈에 띄고 싶고, 화려하지는 않더라도 깔끔하게 시작하고 싶어 합니다.

초기비용 지출은 그렇게 많아지고 자금 여력이 없어지면 매출에 목을 맬 수밖에 없습니다. 게다가 상권 분석이랍시고 컨설팅까지 받으면 또 수백에서 수천만 원 날아갑니다. 시설 권리금에 포함해 버리는 경우도 많아서 그 돈이 어디로 갔는지도 잘 모릅니다.

자영업자들은 대부분 세무상식이 없다 보니 그 많은 돈 다 날리고 월등히 유리한 간이과세사업자로 출발하지도 못합니다.

자영업자들은 가능한 업종과 지역이라면 간이과세사업자로 시작해야 한다는 얘기를 끊임없이 하고 다닙니다. 최대 18개월 동안 부가가치세를 한 푼도 안 낼 수 있는 언제 없어져도 이상할 게 전혀 없는 특별한 혜택을 꼭 누리고 시작해야 한다는 얘깁니다.

흔히 세무 관련 책자들과 세무사들은 초기 투자비용이 많으면 일반과세사업자로 등록해서 결손금을 환급받는 것을 추천하지만 그조차도 세무지식이 없는 초보 창업자들은 여의치 않습니다. 그래서 맡기는 거 아니냐고요?

자신의 과세유형 특징도 모르고, 어떻게 비용을 지출해야 하는지조차 모르고, 부가가치세와 종합소득세 신고와 납부의 차이도 모르기 때문에 창업 초기부터 세무사 사무실에 맡기려고 합니다. 그러고는 친절하고 꼼꼼한 좋은 세무사를 찾습니다. 하지만 아무것도 모르는 초보 사장님을 좋아할 세무사는 없습니다.

월 10만 원 기장료 낸다고 해서 수백 군데의 업체를 관리하는 세무사 사무실에서 아주 기본적인 것부터 친절하게 알려주고 알아서 절세해 줄까요? 천만에요. 모르고 맡겨서는 아무것도 원하는 대로 해결할 수 없습니다. 마치 미로 입구에서 헤매는 것과 같습니다. 알고 부려야 미로 위에서 아래로 내려다보고 쉽게 출구를 찾을 수 있는데 말이죠.

아무것도 모르니까 월급 주방장에게 모두 맡긴 사장님들이 아주 빨리 후회하게 되는 것처럼 세무대리인에게 맡기는 대부분 사장님은 신고철만 되면 답답해하고 분통을 터뜨립니다. 자신이 몰라서 업무 범위를 벗어난 엉뚱한 요구를 하는 것은 모르고, 제대로 신경 써서 안 해준다고 불친절하다고, 더 싼 데는 없냐고 불평불만만 늘어놓죠.

굳이 초기 투자비용을 많이 쓰면서 일반과세사업자로 창업할 이유도 없지만, 처음에 많이 쓰면서 창업해서는 살아남기조차 어려운 시장입니다.

모두가 좋다는 목 좋은 상권을 버리면 직원도 버릴 수 있습니다. 구석진 곳에서 작게 시작할 수 있기 때문입니다. 구석진 곳에서 시작하니 비용이 줄었다고 크게 시작할 필요도 없습니다. 작게 시작해서 스스로 성장하고 알고 부릴 수 있을 때 직원을 채용하고 부가가치세와 종합소득세의 신고와 납부 시 유불리를 따진 후에 세무서와 공단에 직원채용을 신고하고 비용 처리 여부를 결정해야 합니다.

창업 전에 반드시 세무 공부해야 하는 이유기도 합니다. 모든 수입과 지출은 세금으로 연결됩니다. 세금을 알고 시작해야 더 벌고 덜 낼 방법을 적용할 수 있고, 더 적게 일하고 더 많이 벌 수 있습니다.

금융감독원 자료에 따르면 2014년 국내 증권사에서 발간한 2만여 건의 보고서 중 매수 의견이 92%에 달합니다. 분석 결과, 투자 성과는 전문성에 따른 예측보다는 운에 따르는 주사위 게임 같은 것이었습니다. 가치판단 따위는 전혀 없었다는 것입니다. 오직 자신들의 수익만이 중요합니다.

상권 분석도 마찬가지입니다. 매수 의견이 있을 뿐이죠. 매수하지 말라는 부동산 전문가는 없습니다. 오직 자신의 수익성에만 관심이 있을 뿐입니다. 세상의 모든 전문가 집단은 그런 태생적인 한계를 지니고 있습니다. 세상에 당신을 위한 전문가는 없습니다. 굳이 상권분석 하는 데 돈 쓰지 마세요. 진짜 상권 분석은 창업자 본인이 두 발로 뛰는 것입니다. 어디가 더 싸게 구할 수 있는 것인지가 중요합니다.

구석진 곳에서 작게 시작한다고 해서 마케팅을 하려고 해서도 안 됩니다. 오직 하나만 제대로 해서 고객에게 감동을 주는 것이 최고의 마케팅입니다. 잊지 마세요. 더 많은 것들을 버릴 수 있을 때 더 가벼워지고 견고해집니다.

스펙을
버려라

뭔가를 하려면 그에 맞는 자격부터 찾는 분들이 있습니다. 식당을 하려면 조리사 자격증이 있어야 할까요? 한식, 중식, 일식, 양식 조리사가 필요할까요? 복요리는 자격증이 필요합니다. 굳이 하시겠다면 취득하셔야겠지요.

가끔 자신의 화려한 스펙을 액자에 넣어서 전시하는 분들이 있습니다. 관심이 있을까요? 무슨 기능장이라는 타이틀을 크게 써 붙여 놓은 빵집도, 세탁소도 본 적이 있습니다. 어떤 학원은 자신의 화려한 명문대학교 졸업장으로 도배해놓기도 합니다.

자기소개에 수십 줄에 달하는 경력을 써 놓은 분들을 봅니다. 그분들은 반대로 하고 있는 겁니다. 그 화려한 스펙은 독이 될 수 있습니다. 그거 보고 간 사람들은 기대치가 있어서 자신들이 원하는 결과물이 나오지 않고 만족스럽지 못하면 실망이 큽니다. 기대가 크면 실망도 큰 법입니다.

그런데 반대로 일부러 드러내지 않아서 몰랐는데 알고 보니 실력이 뛰어나서 나중에야 그런 사람이더라는 입소문이 훨씬 더 효과가 큽니다. 겸손한 실력자에게 더 높은 점수를 주는 게 인지상정이죠. 그리고 고객들은 그런 스펙 같은 건 그냥 끝까지 몰라도 됩니다. 고객을 감동하게 할 본질에 집중한 결과물만이 필요할 뿐입니다.

굳이 관련 대학교를 졸업하고 관련 분야에서 10년 이상 경력을 쌓아야만 훌륭하고 멋진 식당을, 빵집을, 세탁소를, 수리점을, 학원을 운영할 수 있는 게 아닙니다. 그냥 그거 하나만 잘하는 데 필요한 실력만 갖추면 됩니다.

그 실력을 갖추는 전문가가 되는 데는 그리 오랜 시간이 걸리지 않습니다. 우선 그거 하나만 하기로 마음먹기만 하면 전문가가 됩니다. 그런 후에 점점 더 실력을 키워 나가면 됩니다. 그거 하나만을 더 잘하고자 도대체 무엇을 어떻게 해야 할 것인가를 고민할 수밖에 없기 때문입니다. 해야 할 것이 여러 개라면 그런 고민 자체를 할 수 없습니다. 배운 대로 시키는 대로 할 수밖에 없으니까요. 창의력도 상상력도 발휘할 수 없습니다.

모든 걸 갖추고 시작하려면 언제 시작할 수 있을지 알 수 없습니다. 최소한 이 정도는 갖춰야 하지 않을까 싶은 그 모든 스펙을 버려야 합니다.

딱 필요한 만큼만 공부하고 알면 됩니다. 현장에서 만나는 모든 문제는 스펙으로 검증받은 실력으로는 해결할 수 없습니다. 오직 본질에 집중해서 뻔하지 않은 해결책을 제시할 수 있는 사람이어야 합니다. 그러기 위해 선택받기 위한 스펙을 쌓느라 노력하지 마세요. 명문대를 나오고 특별한 경력이 있어야만 창업을 할 수 있는 것이 아닙니다.

대부분 세금 신고를 위해 적격증빙에 많은 에너지를 쏟는다. 그래서 정말 중요한 소명용 증빙에는 소홀하기 쉽다. 소명용 증빙은 말 그대로 소명용이라는 것이다. 그럼 어떨 때 소명하는 걸까? 소명요청을 받을 때다. 통상 영세한 자영업자에게 실시하는 세무조사라고 하면 소명 통지서라고 보면 된다.

몇 년이 지난 과세기간 동안 거래에 대한 사업 관련성과 근거자료에 관해 소명하라는 통지서를 받으면 지정된 기간의 거래를 소명해야 한다. 허위로 기재하지 않았다면 세무조사 나온다고 걱정할 이유는 없다.

그럼 소명용 증빙에는 어떤 것이 있을까? 적격증빙을 발급할 수 없는 거래처와의 거래를 증명할 수 있는 서류 전부가 해당된다. 기본적으로 소명용 증빙은 종합소득세 신고 시 사업에 관련한 필요경비로 인정받기 위해서는 해당 금액에 적격증빙 미수취 가산세 2%를 납부해야 한다.

소명용 증빙으로 추산한 금액이 5천만 원이라면 그 금액의 2%인 100만 원의 가산세를 납부해야 한다는 뜻이다. 그런데 대부분은 적격증빙을 수취하므로 소명용 증빙만으로 거래하는 경우가 생긴다면 적극적으로 활용해야 한다. 소명용 증빙은 동일한 거래에 2중, 3중으로 증명할 수 있도록 중복해서 준비하는 것이 좋다.

하지만 다음과 같은 경우 적격증빙 미수취 가산세 2%를 부담하지 않고 경비처리를 받을 수 있다. 사업과 관련된 거래로 보이지만 적격증빙 수취가 불가피한 경우라고 국가에서 인정할 때다.

국가에 납부하는 세금은 적격증빙을 발급해 주지 않는다. 비영리법인과의 거래도 사업자가 아니므로 적격증빙을 발행하지 않는다. 은행에 이자 비용을 냈다면 통장에서 이자가 지출된 내역으로 비용처리 할 수 있다. 그리고 건당 20만 원 이하의 경조사비도 경비처리를 받기 위해서는 청첩장이나 부고장 등을 챙겨둬야 한다. 크게 활용될 수 있다. 임대인이 간이과세자인 경우의 임차료도 필요경비 처리를 받을 수 있다.

4

시간의 관념을
뛰어넘어라

시간이
당신을 위해
일하게 하라

창업자 대부분이 빠져있는 또 다른 고정관념의 늦은 시간에 관한 것들입니다. 더 많이 벌기 위해서는 더 오랫동안 일해야 한다는 생각에 사로잡혀 있는 거죠. 대부분 자영업자가 열심히 오랫동안 일하면서도 폐업의 위기에 직면해 있지만, 더 많이 벌기 위해서는 더 적게 일해야 한다고 말하면 '말도 안 되는 소리 한다'면서 손가락질하며 비난합니다.

사실 더 많이 버는 사람은 더 적게 일하고 있습니다. 줄 서는 식당들은 모두 재료 소진으로 일찍 마감합니다. 갑자기 어떤 계기로 소문이 나서 줄 서지 않던 식당이 줄을 서면 망하는 경우가 더 많습니다. 이 부분을 좀 더 얘기해보면 좋겠네요.

더 적게 일하기 위해 고민하고 방법을 찾는 것이 진짜 가치 있는 노동입니다. 그것이 근면 성실의 본질입니다. 버릴 수 있는 것들이 무엇인지, 처음부터 어떻게 하면 더 단순화할 수 있을지를 고민해야 합니다.

어떻게 하면 조리 도구를 최소화할지, 어떤 메뉴를 선택해야 식기 사용을 최소화할지, 그리고 재료 준비 시간을 최대한 단축할 수 있을지 고민해야 합니다. 그래야 더 적게 일할 수 있습니다. 어떻게 하면 더 회전율을 높일 수 있을 것인지 고민해야 합니다.

굳이 술을 팔 이유가 없는 까닭입니다. 내가 아닌 어디서라도 먹을 수 있는 술을 굳이 팔아서 좋을 게 없습니다. 세상에 없는 오직 나만 파는 술이라면 얘기가 달라지겠지만요. 그렇다 하더라도 술 마시면 일단 회전율 떨어지니까 안 팔았으면 좋겠어요. 술은. 그냥 어디서든 먹을 수 있는 술을 파는 것이라면 더 오래 일하게 할 뿐입니다.

시간이 당신을 위해 일하게 해야 합니다. 시간에 쫓기기 시작하면 결국 지치게 될 거예요. 그러니 어떻게 하면 일하는 시간을 단축할 수 있을지를 고민하세요. 그래서 다시 왜 창업을 하는지부터 정하는 것이 필요합니다. 반드시 행복한 삶을 누리기 위해서입니다. 누구와요? 사랑하는 가족과 함께요.

아이들이 커 가는 소중한 순간들을 밤늦게까지 김치찌개를 파느라 놓치지 마세요. 영원히 되찾을 수 없는 시간입니다. 그럴 수 있으려면 장사하는 시간을 스스로 통제할 수 있어야 합니다. 일주일에 이틀은 쉬고, 무슨 일이 있어서 쉬어야 할 때는 언제든 쉴 수 있어야 합니다. 평소에도 최대한 적게 일하는 시스템을 구축하세요. 그러려면 시간에 대한 고정관념을 완전히 벗어던져야 합니다. 더 적게 일해야 더 많이 벌 수 있다는 사실을 온전히 받아들이시기 바랍니다. 시작해 볼까요?

추계신고는 종합소득세 신고 시 영세한 자영업자를 위한 제도라고 보면 된다. 장부를 기록하지 않아도 된다는 뜻이다.

음식점의 경우 연 매출 3,600만 원 미만인 사업자는 단순경비율로 추계신고가 가능하다. 우리가 관심을 가질 만한 규모의 매출은 아니다. 주목할 것은 신규사업자도 연 매출 1억5,000만 원 미만일 경우 다음해 종합소득세 신고 시 단순경비율로 추계신고가 가능하다는 점이다. 구석진 곳에서 가볍게 시작하고 하나만 제대로 팔기로 마음먹었다면 단순경비율로 추계신고를 고려한 전략을 세우는 것이 좋다.

추계신고를 하는 전제조건이 창업 초기 큰 금액이 지출된 영업권이나 시설물에 대해 감가상각을 통한 경비처리를 하지 않겠다는 것이다. 추계신고를 하는 순간 초기 지출비용 기록을 없앤다는 의미다. 따라서 처음이라 잘 모르는 초보 창업자가 초기 투자비용을 크게 넣고 시작한다면 장기간 경비처리를 위해서라도 간편장부든 복식부기든 장부를 기록해야 하고 애초에 모르고 전문가에게 맡겨버릴 가능성이 커진다.

만약 구석진 곳에서 가볍게 시작한 신규사업자가 연 매출이 1억5,000만 원이 넘어가면 기준경비율에 따른 추계신고를 하는 것이 바람직할 수 있다. 그래서 적격증빙이든 소명용 증빙이든 주요한 필요경비의 증빙자료를 잘 챙겨둬야 한다.

1억5,000만 원이 초보 창업자로서는 내기 어려운 매출액 같지만 조금만 생각해 보면 그렇게 큰 금액이 아니라는 것을 알 수 있다. 물론 그 이하의 매출이라 하더라도 기본적으로 장부 작성은 몸에 배어야 한다. 처음엔 간편장부로 시작하면 된다.

시작을
알리지 마라

앞서 언급한 내용이지만 돈 들여 하는 홍보는 해서는 안 됩니다. 애초에 구석진 곳에서 시작했다고 그래서 사람들에게 알려야 한다고 전단 돌릴 생각부터 하면 안 됩니다. 준비되지 않은 당신의 가게를 처음에는 사람들이 시작했는지조차 뭘 파는지조차 모르는 게 더 낫습니다.

차근차근 성장하는 기간에는 성장에 집중해야 합니다. 당신이 이미 하나만 하기로 하고 실행하는 순간부터 훌륭한 홍보는 시작된 거니까요. '야, 거긴 그거 하나밖에 안 한대!' '그러면 그거 하나는 제대로 하겠네?'

그러니 당신에게는 많은 시간이 주어진 건 아닙니다. 더 많이 알려지기 전에 당신만의 무기를 완성해야 합니다. 시작을 돈을 들여서 알리는 순간 성장하기 위해 주어지는 시간은 훨씬 더 짧아지고 성장하기 전에 손님이 몰리기 시작하면 회복하기 힘든 타격을 입을 수도 있습니다.

백종원의 골목식당에 방영된 준비 안 된 창업자들은 다들 그렇게 혹독한 시간을 보내고 대부분 나가떨어졌습니다. 그러니 알려지기 전부터 더 치열해져야겠죠.

처음부터 하루에 4시간만 일하겠다고 생각하면 안 됩니다. 처음엔 하루에 열다섯 시간도 일하겠다고 각오해야 합니다. 그 정도는 필수입니다. 세상 어떤 일도 시작하자마자 단숨에 전문가의 반열에 오르는 일은 없습니다.

처음엔 어떤 일이든 누구든 서툴 수밖에 없습니다. 심지어 경쟁하는 일조차도 그렇습니다. 그런데 애초에 경쟁하지 않을 자신만의 독점사업을 시작하는 사람이 열심히 할 각오 정도는 해야 합니다.

물론 가게 문은 닫은 상태로요. 영업시간과 근무시간을 혼동하지 마세요. 손님을 받는 시간은 영업시간, 당신이 집 현관문을 열고 나갔다가 다시 열고 들어가는 시간이 근무시간입니다. 최종 목표는 영업시간은 1시간, 근무시간은 4시간 정도? 그렇게 되기까지 가장 쉬운 방법은 역시 단순화하고 가벼워지는 것입니다.

너무 짧을까요? 더 줄일 수 있습니다. 어떤 메뉴를 정하느냐에 따라서 말이죠. 골목식당에 나왔던 마카롱을 만드는 곳은 30분 만에 매진이라고 하지만 영업 전날 이미 재료 준비하는 시간만 8시간이 넘게 걸린다고 하니 바람직한 방향은 아닙니다.

품질은 더 높이고 준비 시간은 더 단축할 방법을 계속해서 찾아야겠죠. 서서히 그런 과정을 거치면 됩니다. '서서히'에 집중하세요. 불특정 다수에게 '나 여기서 이거 팔기 시작했어요'라고 알리지 않아야 가능합니다. 고객의 갑작스러운 몰림은 순식간에 아수라장을 만들어 버립니다.

지금은 잘하지만, 처음에 튀김 덮밥집이 TV에 방영된 직후에 전국 각지에서 몰려든 손님들의 긴 행렬에 질려버린 사장님은 온 힘을 다해 자신의 다양한(?) 메뉴를 준비했지만, 실수가 잦아지고, 맛의 일관성을 잃어버리고, 며칠이 지나자 장사를 포기하기에 이릅니다. 더는 이 상태로 파는 건 무리라는 판단을 하게 됐습니다.

그런 경험을 한 후에 내린 결론이 메뉴의 단일화였고, 한정 판매였습니다. 만약 처음부터 하나의 메뉴로 고정 고객층을 유치해서 일정한 매출을 내는 경험을 꾸준히 했더라면 아무리 많은 고객이 밀려와도 전혀 흔들림 없이 운영할 수 있었을 것입니다. 300명이 줄을 선다 하더라도 자신이 팔기 위해 준비한 100인분의 수량에 맞춰 대응할 뿐이기 때문입니다. 그는 그나마 어느 정도 실력을 갖췄기에 가능한 일입니다.

아무도 모르게 시작하고 자신의 무기를 이른 시일 내 완성하세요. 뛰어난 상품은 눈에 띄게 마련이고 결국 후발주자들에게는 진입장벽이 됩니다.

영업시간을
버려라

시작을 알리지 않고 스스로 성장하는 시간을 가졌다면 이제
는 영업시간을 최대한 단축해야 합니다. 자연스러운 흐름이
됩니다. 이제부터는 하루에 12시간씩 일해서는 안 됩니다. 대
부분 자영업자가 선택한 방식이고, 모든 걸 잃게 되는 지름길
입니다.

애초에 출발 기준을 매출액으로 잡기 때문에 영업시간이
계속 늘어납니다. 오랫동안 영업한다는 것은 그만큼 장사가
안된다는 것을 스스로 외부에 홍보하는 꼴이 됩니다. 그리고
언제든지 살 수 있고 갈 수 있는 곳이 되면서 쉬운 상대가 됩
니다. 버려야 할 것을 버리지 못하면 그래서 무거워지고 움직

임이 둔해지고 결국 지쳐 쓰러지게 됩니다.

영업시간은 하루에 최대 2시간. 그 정도면 충분합니다. 그건 애초에 처음부터 그렇게 시작해야 합니다. 어쩌면 처음엔 손님이 없어서 그 시간도 못 채우고 못 팔 수도 있습니다. 그렇다고 더 오랫동안 영업하는 어리석은 선택을 해서는 안 됩니다. 그냥 2시면 문 닫는 곳이라는 인식을 심어주는 것이 무료로 홍보하는 방법입니다.

극단적으로 자신에게 제약을 걸어두고 시작해야 합니다. 처음엔 열 그릇만 팔면서 점점 수량을 100그릇까지 늘리면서도 그 시간 안에 팔 수 있도록 연습해야 합니다. 완전히 자리 잡으면 1시간 안으로 줄일 수도 있습니다. 버릴 수 있는 것들을 다 버리고 나면 얼마든지 가능하다는 것을 알 수 있습니다.

줄 서는 식당 어디든 영업시간이 긴 곳은 없습니다. 더 팔수가 없기 때문입니다. 체력과 시간의 한계 때문에 더는 준비할 수 없어서 팔지 못하는 것은 하수의 방식입니다. 대부분의 줄 서는 식당이 취하는 방식이기도 합니다.

그들은 재료가 준비되는 대로 한두 시간 이후에 영업을 재개하거나 저녁 시간까지 영업을 계속합니다. 물론 저녁 시간엔 일찍 닫지만 그렇게 온종일 가게에 얽매이면 그 생활을 벗어나기 어렵습니다. 그리고 오래지 않아 지칩니다.

간혹 십 년 넘게 혹은 이십 년 넘게 해 오셨다는 분들 있습니다. 본받을 일이 아닙니다. 오랜 시간 노동해 온 그분들의 오랜 전통에 현혹되지 마세요. 길게 할 생각부터 버리는 게 좋습니다. 3년 후에 어떻게 바뀔지 모르는 세상입니다. 세상의 변화에 맞춰 새로운 창업을 계속해서 생각해야 합니다. 그러려면 또한 가벼운 게 좋습니다. 일을 크게 벌이면 출구전략을 수립하기도 어렵습니다.

골목식당에 출연하고 솔루션을 받은 이후에 나름 유명세를 치르는 식당들이 대부분 그런 방식을 취하고 있습니다. 그간의 매출 부진을 만회하고 싶기도 하고, 온종일 준비하고 팔아도 얼마 못 팔기도 합니다. 이는 여러 가지 메뉴를 준비하면서 가벼워지지 못하고 집중해서 성장하는 시간을 갖지 못했기 때문이기도 합니다. 하나를 제대로 집중해서 빨리 만들고 서빙하고 식사 후 치우는 일련의 과정을 거칠 경험을 하지 못했기 때문입니다.

이제 창업을 준비한다면 힘닿는 데까지 열심히 해서 더 오랫동안 일하는 하수의 방식은 버리고, 애초에 정한 시간과 수량만큼만 준비하고 그 시간을 줄여가는 고수의 방식을 택하길 바랍니다. 그래야만 시간과 수량의 제약을 통해 더 오랜 시간 고객을 통제할 수 있기 때문입니다.

영업시간은 1시간이지만 근무시간은 여덟 시간 이상이 될 수도 있겠죠. 점점 줄여서 4시간 이내로 줄여야 합니다. 나중엔 0시간에 도전해 볼까요? 말도 안 되는 것 같습니다만 생각은 바뀌게 마련이죠. 점차 그렇게 될 겁니다. 확산을 통해 자신만의 독점사업으로 만들면 가능합니다. 이 책을 읽는 동안 오랫동안 머릿속에 켜켜이 쌓아왔던 고정관념을 한 꺼풀씩 벗어버리기 바랍니다.

구매, 리스, 렌트 중 무엇이 세무적으로 더 유리한지 고민된다. 사업자가 자동차 관련해서 부가가치세 매입세액공제를 받을 수 있는 경우는 경차, 9인승 이상 승합차, 화물차를 사서 운용할 때로 한정된다. 주유비, 수리비, 타이어 교체 등에 드는 비용을 적격증빙으로 수취했을 때 부가가치세 매입세액공제를 받을 수 있다.

만일 그런 일련의 비용으로 330만 원을 사용했다면 부가가치세 신고 시 30만 원을 매입세액으로 공제받을 수 있다. 나머지 300만 원은 종합소득세 신고 시 필요경비로 처리할 수 있다. 그 외 모든 자동차는 구입이나 운행에 사용한 비용은 종합소득세 신고 시 연간 한도 1,000만 원 내에서 부가가치세를 포함한 총금액을 필요경비로 인정해준다.

예를 들어, 휘발유를 넣는 경차가 한 대 있고, 역시 휘발유를 넣는 세단이 한 대 있는데 모든 주유비를 카드로 결제하고 매입세액공제를 받을 때 홈택스에서 공제와 불공제를 체크한다면 어떻게 해야 할까?

차량의 소유 여부와 상관없이 세금 관련 문제는 모두 적용되므로, 소유든 리스든 렌트든 어떤 게 유리한지는 국민연금과 건강보험료 인상과 관련해서 고민해봐야 한다.

영업 일수를
버려라

영업시간은 어떻게 줄여 볼 수도 있겠는데 영업 일수는 어떤 가요? 일주일 내내 일할 계획은 아니겠지요? 토, 일, 월 이렇게 3일을 쉬는 건 어떨까요? 미친 짓이라고요? 이제껏 버릴 수 있는 것들을 버리고 있는데 시간에 대한 고정관념을 좀 내려놓으시죠? 더 적게 일할수록 더 많이 벌 수 있다는 사실을 의심 없이 받아들이셨으면 좋겠네요.

전 3일 이상의 휴무를 강력하게 추천합니다. 메뉴와 가격에 따라 그러니까 주요 고객층과 시간대에 따라 쉬는 날이 좀 다를 수는 있겠지만, 일주일에 3일이나 4일만 일하는 방식이면 좋겠습니다.

월요일이 휴무인 연돈은 화요일이면 더 이른 시간에 줄을 서기 시작합니다. 하루쯤 더 쉬면 좋을 텐데 김 사장님은 여전히 고객을 버리지 못하고 있는 것 같습니다. 버릴 수 있는 것들을 다 버렸다면 일주일에 이틀을 쉬지 못할 이유가 없습니다. 표면적으로는 더 품격있는 식사를 위해 연구할 수 있도록 배려해 달라고 공지하고 가족과 함께하는 시간을 더 많이 보내야 합니다.

앞서 언급한 많은 것들을 버렸다면 멀리서도 굳이 찾아오는 손님이 더 많을 테니 주말과 공휴일에 조금 길게 영업하고 평일엔 쉬는 것도 좋습니다. 앞서 언급한 것처럼 제한할수록 더 많은 팬덤이 생기게 됩니다. 연간 주말 포함 공휴일이 120일쯤 될까요? 그러면 더 쉬워집니다.

쉬는 날만 영업하는 식당이라고요? 평일에 쉬면 어디 놀러 갈 때 애들 유치원이나 학교는 어떻게 하냐고 물을 수도 있겠네요. 요즘 애들 개근상 바라고 보내지 않습니다. 체험학습 하러 간다고 하면 빠질 수 있습니다. 한 학기에 7일인가 제한 있습니다. 그거 좀 넘으면 어떤가요?

선생님이 무단결석이라고 하면 좀 어떤가요? 주말이나 방학에만 다니던 북적거리고 줄만 서던 각종 레저와 놀이시설이나 워터파크에 질린 다른 아이들이 경험하지 못할 여유를 평일에 느낄 수 있게 해 줄 수 있습니다.

평일에 쉰다는 그런 생각 해본 적조차 없겠지만 평일에 쉬어보면 알 수 있습니다. 모든 게 너무 쌉니다. 항공 운임이며 숙박료 심지어 식사비용도 평일 점심이 더 쌉니다. 왜냐하면, 사람들은 주말에만 모여드니까요. 그래서 부자들은 더 싼 가격에 모든 걸 즐기고 있습니다. 정말 아이러니하죠. 이 또한 경쟁하므로 더 비싼 돈 내고 먹고 마시고 자고 탑니다. 그런데 그러지 못하는 이유는 뭘까요? 한번 생각해 보면 알 수 있습니다.

직장인들은 평생 꿈도 못 꿀 일입니다. 그런데 창업을 하면 가능합니다. 정말 그런 분 만나기 어렵지만 실제로 평일 이틀을 쉬는 사장님 얘기 들어보면, 은행 업무며 이런저런 개인적인 일을 보면 하루가 그냥 가기 때문에, 제대로 쉬는 날은 채 하루도 안 된다고 합니다. 그래서 조금 더 쉬셔야 합니다. 더 열심히 즐겁게 일하려면 푹 쉬어야 합니다.

도저히 주말과 공휴일만 영업하는 게 어렵다면 일주일에 3일을 쉬는 가게라는 것만으로도 '와우' 마케팅은 가능합니다. 자신만의 무기를 개발하고 있다면 요일과 영업 일수에 너무 연연하지 마세요. 꼭 먹고 싶은 사람은 거리와 시간을 가리지 않고 당신이 문을 연 시간에 맞춰서 옵니다. 더 일찍부터 말이죠.

일주일 내내 연중무휴로 명절에도 영업하는 식당을 어떻게 생각하시나요? 서비스 정신이 투철해서, 장사가 잘되니까 쉬기가 아까워서, 아니면 반대로 월세 낼 돈이라도 벌려고 그러는 걸까요? 풀오토라서 잠깐 관리만 하고 신경 안 써도 잘 돌아가서 그런 걸까요? 풀오토로 잘 돌아가는 곳은 하나만 제대로 하는 집을 찾는 것보다 찾기가 더 어렵습니다.

전 일주일 내내 하루도 쉬지 않고 열심히만 일하는 사장님은 사업에 대한 철학도 방향성도 없기 때문이라고 생각합니다. 오로지 돈만 좇아 늪에서 헤어나지 못하기 때문으로 생각합니다.

그런데 그렇게 일하는 대부분의 사장님은 많이 벌지도 못할뿐더러, 설령 많이 번다 하더라도 그냥 그 안에 파묻혀 살게 됩니다. 가족을 잃고 말이죠. 조금만 더 고생해서 돈 많이 벌어서 못 해줬던 거 다 해줄 거로 생각하고 삽니다.

제가 사는 동네에 일 년 내내 하루 16시간씩 운영하는 슈퍼마켓과 한 달에 두 번 쉬는 고깃집이 있는데요. 두 집 모두 십 대의 자녀들이 있습니다. 학교 갔다 와도 엄마 아빠는 집에 없는 십 대를 보낸 후에 돈 많이 벌면 지나간 시간을 되돌릴 수 있을까요? 1초도 돈으로 살 수 없다고 했던 말은 그저 영화의 한 장면에서 나온 대사로 넘길 일이 아닙니다. 앞으로도 점포를 기반으로 하는 장사를 생각 중이라면 정말 심각하게 고민해야 할 문제입니다.

일주일에 이틀을 쉬는 식당을 찾기는 정말 어렵습니다. 어디서나 파는 음식을 팔고 많은 종류를 팔고 온종일 영업하니까 쉴 수가 없습니다. 매출 기복이 심하다면 다행입니다. 잘되는 날이라도 있다는 거니까요. 하지만 결론적으로 장사가 잘 안된다는 뜻이기도 합니다.

일주일에 하루만 영업하는 집은 어떨까요? 한 달에 하루만! 1년에 하루만 영업하는 집은요? 무엇을 어떻게 팔면 그렇게 할 수 있을까요?

임대료 걱정 없는 외진 곳에서 시작해도 좋고, 번화가에서 하루 쉬는 가게 빌려서 해도 좋습니다. 뜻 맞는 사람이 셋이든 다섯이든 모여서 한 장소를 일주일에 하루씩 운영하는 것도 가능합니다. 무엇이든 안 되는 이유보다 꼭 해야만 하는 이유를 먼저 찾는 사장이 되어야 합니다. 무엇을 어디서 팔 것인지 얼마나 팔아야 할 것인지 고민해 보세요. 더 많은 돈을 벌면서 일하는 시간을 버릴 수 있게 됩니다. 그러면 자유로워질 수 있습니다. 일과 시간과 돈으로부터! 놀랍지 않나요?

5

사회현상을
적극적으로
활용하라

경쟁하지 않고
이기는 힘

세상은 급변하고 있습니다. 하나는 경쟁이 더욱 치열해진다는 것이고, 둘은 모두 버리고 있다는 것입니다. 그리고 셋은 무인화 정도가 되겠습니다. 대기업과 개인을 망라하고 너 나 할 것 없이 모두 경쟁하고 있습니다. 영화관 하나 없이 세계 최대의 영화관이었던 넷플릭스를 고맙게 생각했던 콘텐츠 제작사들이 이제는 경쟁사가 되었습니다.

공유경제 시스템은 이제 거스를 수 없는 세계적인 트렌드입니다. 모든 것을 공유하는 시스템이 계속해서 우리의 삶에 자리 잡고 있습니다. 집이며, 자동차며, 운송수단까지 말이죠. 조립 가구 전문점의 대명사였던 이케아도 가구 렌탈 회사로

변신하고 있습니다. 소비 패턴이 이미 가치 소비로 변하고 있기 때문이기도 합니다. 계속해서 직장과 직업의 거스를 수 없는 지각변동을 경험하게 되겠죠.

대규모 실직은 멀지 않았습니다. 그 이유 중 하나는 무인화 시스템의 확산이고 아주 작은 영역까지 자본이 잠식하게 됐습니다. 인공지능의 고도화는 모든 영역의 격변을 초래합니다. 그리고 고부가가치의 전문가 집단이 비숙련 노동자로 전락해온 사례는 격변하는 역사 속에서 항상 있었습니다.

자영업 시장에도 물류와 유통의 격변이 일어나고 있습니다. 아마존과 구글, 우버 등의 거대자본이 배달시장까지 뛰어들었습니다. 배달의민족으로 대표되던 국내시장에 이제 쿠팡도 출사표를 던졌죠. 아마존이 잠식했던 방식을 그대로 벤치마킹해서 시장을 주도하고 있습니다.

변화를 도모하는 거대한 자본들의 중요한 특징 중 하나는 자신들의 정체성을 버리고 있다는 것입니다. 없어서는 안 될 것 같았던 자신들의 중심가치를 버리고 있습니다. 더 나은 가치를 제공하기 위해 기득권을 버리고 있다는 점에 주목해야 합니다. 거대한 기업들조차도 살아남기 위해 변화를 추구하는데 언제까지나 반세기 전의 고정관념에 사로잡혀서 끝이 너

무나 분명한 경쟁하는 방식의 다양한 메뉴를 고집하고 있어
서야 되겠습니까?

누구나 제공하는 것보다 더 가치 있는 경험을 제공하기 위
해 시장이 변하고 있습니다. 그건 자본의 유무와 무관하게 접
근해 볼 수 있는 영역입니다. 경험해 본 적 없는 어떤 경험을
할 수 있도록 해 줄 것인가가 우리의 목적이 되어야 합니다.

무인화 시스템은 자본을 등에 업고 우리 삶의 곳곳에 자리
잡게 될 것입니다. 식당부터 카페, 편의점까지 경쟁하게 된다
고 해서 걱정할 필요는 없습니다. 우리가 제공하려는 특별한
경험은 무인화 시스템이 아니기 때문입니다. 어차피 그들은
우리가 주목해야 할 비주류 시장에는 관심이 없습니다.

가장 쉽게 접근할 방법은 당신이 평소에 관심을 가졌던 분
야가 좋습니다. 육아, 아동 청소년, 취업, 대학, 진로, 중독, 다
이어트, 건강, 지구환경, 노령화, 독서, 글쓰기, 토론, 장애인 인
권, 성 소수자 문제, 여성 인권과 성 평등 등에 관한 문제를
해결하거나 고민하는 사람들이 모여서 나눌 수 있는 공간이
되는 것도 좋습니다. 하나의 콘텐츠를 안고 가는 것입니다. 그
렇게 시작하면 단순해 보이던 창업도 훨씬 다양한 방식으로
운영할 수 있습니다.

사업자 카드와 통장

사업자 등록을 하면 사업자 카드와 통장을 의무적으로 발급하고 등록하고 개설해야 하는 것으로 생각한다. 통장을 개설해야 하는 의무기준은 따로 있다. 업종별 매출 규모에 따라 다르다. 하지만 처음이라 잘 모르는 초보 창업자는 해당 사항이 없다.

보통 사업자 카드를 등록하고 쓰는 데는 사업과 관련된 곳 또는 거래처별로 카드를 하나 정해두는 방식으로 하면 된다. 하나만 제대로 하기로 했다면 카드 하나를 사업과 관련된 모든 거래처에서 쓴다면 굳이 홈택스에 등록하지 않아도 사용하는 데 전혀 문제가 없다.

홈택스에 등록하는 유일한 이유는 사업자 편의를 위해서다. 많은 경우 사업자 카드를 홈택스에 등록해야 한다는 말만 듣고, 카드사에서 비즈카드니 사업자 카드니 하는 아무 의미 없는 새로운 카드를 발급받기도 하고, 가지고 있는 모든 카드를 등록해 두고 사업과 무관하게 지출할 때도 사용한다. 그러면 굉장히 복잡해지고 피곤해진다.

수백 건에 달하는 항목들이 도대체 어디서 왜 썼는지 모르게 되고 누가 봐도 사업과 관련 없는 항목으로 매입세액공제를 받기도 한다. 적은 금액이라면 모르겠지만 금액이 많다면 몇 년 후에 소명 요청을 받을 수도 있다. 그때는 대부분 소명하지 못하고 제법 많은 가산금을 물게 된다.

개인사업자의 사업용 카드는 본인 명의의 카드 중에 카드사별로 혜택이 가장 많은 것으로 하나 골라서 쓰는 게 제일 좋다. 사업자 통장은 본인 명의의 통장이면 된다. 주로 사업과 관련한 통장 하나를 집중해서 사용하는 것이 소명용 증빙자료로 쓰기에도 좋다.

아지트가 되는
특별한 빵집

수영구 망미역 부근에 가면 외진 골목길 안에 작은 빵집이 하나 있습니다. 큰길에서는 보이지도 않고, 알 수도 없는 곳입니다. 검색해서 갔는데도 한참을 헤맸습니다. 일부러 꼭꼭 숨겨 놓은 것처럼 말이죠.

세상에 흔한 프랜차이즈 빵집이나 혹은 그들과 경쟁하는 일반적인 빵집에서 파는 모든 재료와 메뉴에 질려서 빵집을 하나 차렸습니다. 오직 좋은 재료만 씁니다. 국산 밀만 씁니다. 그리고 종류가 많지도 않고 많은 양의 빵을 팔지도 않습니다. 오직 정해진 시간에 정해진 종류의 빵만 네 번을 구워냅니다. 고객들은 정해진 시간에 원하는 빵을 사기 위해 미리 와 있습니다.

진열대도 넓지 않습니다. 인기 있는 빵들로 구성되어서 대부분 나오는 즉시 매진이기 때문입니다. 그리고 비쌉니다. 아메리카노와 라떼, 딱 두 종류의 커피만 팝니다. 네 개의 4인용 테이블이 있습니다. 구석진 골목 외진 곳에 자리한 빵집이라 차로는 갈 수 없습니다. 주차하려면 조금 먼 곳에 해야 합니다. 작정하고 오는 사람만 올 수 있습니다.

동네에서도 나름 소문이 나서 단골이 꽤 있습니다. 골목 안에 살던 사람들은 굳이 멀리까지 좋은 빵을 사러 가지 않아도 되니 좋겠습니다. 조용한 카페에 유모차를 끈 아줌마 부대가 앉아서 수다를 떨고 있습니다.

성 평등에 관심이 많은 그녀들은 사장님이 비치해 둔 관련 도서들을 대여해서 돌려서 읽고 토론을 나눕니다. 구매도 할 수 있도록 옆에는 작은 책방도 열었습니다. 이미 미국에서 50년 전에 사회적인 문제가 됐던 성 평등에 관한 사건들이 이제 대한민국에서 일어나고 있습니다. 그리고 각자 관련 책들을 찾아보고 서로 추천도 해주고 교환해 읽기도 합니다. 이곳은 그녀들의 아지트입니다. 사장님은 관심사가 비슷한 사람들이 모인 온·오프라인 커뮤니티에서 활동합니다.

만약 당신이 빵집을 차린다면 어떤 특징을 가진 빵집이 될 수 있을까요? 꼭 빵집이 아니어도 누구를 위한 어떤 특징을 가진 아지트를 만들 수 있을까요?

주로 입시 교재를 팔던 동네 서점이 밀려난 자리에 저마다의 특별한 감성을 내세운 책방들이 북카페의 형태로 생겨나기 시작했습니다. 그중에는 1인 출판사를 설립하신 분도 계시고, 읽고 쓰고 싶은 사람들을 모아서 작가로 만들어 주는 책방도 생기고 있습니다. 각자의 욕구를 충족시킬 수 있는 작은 커뮤니티가 계속 생겨나고 있습니다.

이 안에서 무엇을 팔 수 있을 것인지 고민해 보면 됩니다. 가장 중요한 건 자신에게 불편해서 꼭 필요한 것이 무엇인지 찾아보는 것입니다. 불만이 뭔가요? 그걸 찾아보세요. 그게 당신의 무기가 됩니다.

자녀의 교육과 장래에 대해 고민하는 주변의 엄마들을 모아보세요. 그들을 위한 공간을 만들고 시작할 수 있습니다. 미혼모들의 아지트가 되어 보는 건 어떨까요? 그들은 생계를 위해 어떤 일을 할 수 있을까요?

다양한 형태의 커밍아웃을 하는 사람들만의 공간을 만들

면 됩니다. 그들이 편안하게 머물 수 있는 공간은 여전히 부족하기 때문입니다.

노인을 위한
세상은 없다

노인을 위해 개발했는데 정작 노인들에게 외면을 받았다는 상품들이 있습니다. 그건 자기 생각만으로 개발에만 전념했기 때문입니다. 먼저 팔아보지 않아서입니다.

고객들이 뭘 원하는지 알아보지도 않고, 자신이 좋아하는 것만 팔려고 하면 어렵습니다. 태권도를 좋아한다고 해서 태권도장을 차리기만 해서는 성공할 수 없습니다. 다른 모든 태권도장과 전혀 다르지 않기 때문입니다.

돈가스를 너무 좋아해서 돈가스 하나만 파는 것과는 전혀 다른 문제입니다. 그래서 어떤 가치와 감동을 줄 것인가에 초점을 맞추지 않으면 경쟁하는 방식을 택하게 됩니다. 별로 다를 게 없는 상품은 당신을 지치게 할 거예요.

노인들이 정말 원하는 게 뭘까요? 외로움을 벗어 던지는 것입니다. 자본주의 사회에서, 남성 우월주의가 조금 더 팽배해 있다면 그 사회의 남성 노인은 십중팔구 외롭습니다. 왜냐하면, 그들은 그저 열심히 일만 하고 살았기 때문입니다.

가족을 부양해야 한다는 막중한 책임감으로 무장한 그들은 가족들에게 외면받기 십상이죠. '아빠가 나한테 해준 게 뭐가 있어!' '누가 돈 달랬어?'라는 말을 듣게 될 거니까요. 당신도 가족을 위해 열심히 일만 하고 있다면 각오해야 할 미래이기도 합니다.

그들을 찾아와 줄 사람과 그들 얘기를 들어줄 사람이 필요합니다. 그런데 세상에는 요양병원과 실버타운만 넘쳐나죠. 그들의 간절함을 이용해 등쳐먹으려는 사기꾼만 득시글거립니다. 그들을 위한 카페는 어떨까요? 빵집도 책방도 어떤 형태든 좋습니다. 그들이 모여서 서로의 고민과 필요를 나눌 수만 있다면 말이죠.

시간당 사용료를 받습니다. 음료는 별도입니다. 정액권도 팔고 연 회원권도 팝니다. 그들을 위한 음료는 어떤 것이 좋을지 한번 알아보세요. 쌍화차에 계란을 띄울 필요는 없습니다.

그냥 따뜻한 유자차와 부드러운 티라미수 케이크를 준비해 주셔도 좋습니다. 술은 안 됩니다.

그리고 뭐든 단순할수록 좋습니다. 그냥 캔 음료를 팔아도 되고 팩에 든 주스를 팔아도 됩니다. 단지 그들이 자유롭게 얘기를 나눌 공간을 제공해 주는 겁니다. 노인들이라고 싸게 팔 생각은 아예 하지도 마세요. 더 비싸게 받아야 합니다. 그래야 또 진상 고객을 버릴 수 있습니다. 좀 매정하게 들릴 수도 있겠지만 당신이 어찌할 수 있는 문제가 아닙니다. 좀 더 구석진 곳이어도 상관없습니다. 그들이 알아서 찾아오게 될 테니까요.

그들의 니즈를 이용해 그들을 등쳐먹으라는 얘기가 아닙니다. 그들의 니즈를 찾아주는 겁니다. 예를 들면, 오랫동안 소원했던 자녀와의 불화를 끊어줄 해결사도 있습니다. 그들을 연결해 주고 수수료를 받아도 좋습니다.

단지, 이성 친구가 필요한 사람도 있습니다. 좋은 친구를 만나며 품격 있는 노인들의 사교장이 될 수도 있습니다. 경로 당에서 화투나 치고 주민센터에서 주관하는 무료나 그에 가까운 무슨 활동들에 지치거나 그 안에서 만난 진상들에 진절머리가 난 사람들은 생각보다 많습니다. 그런 사람들을 위한 장소가 되면 됩니다.

소문은 서서히 나게 마련입니다. 멋진 시니어클럽을 만들어 보세요. 나이를 제한하고 성별을 제한해 보세요. 재밌는 일들이 생깁니다. 그 범위에 들기 위해 온갖 생떼를 쓰게 될 테니까요.

또 그들은 더 큰 욕망을 지니고 있습니다. 자신이 세상에 물려 줄 수 있는 유산이 없다는 것, 남길 것이 없다는 것이 안타깝습니다. 그렇습니다. 그들은 자신의 이름 석 자를 남기고 싶어 합니다. '자식에게' 남겨줄 유산 같은 건 상관없습니다. 그들이 '세상에' 남길 유산을 찾아주는 창구 기능을 할 수 있는 곳이면 됩니다. 어떻게 해야 할까요? 상담을 받아야지요. 상담료도 비쌉니다. 그들은 거대한 꿈을 이루고 싶으니까요. 그 절실함을 비용으로 내는 것입니다.

그들에게 뜻깊은 사업을 할 수 있는 연결고리를 이어주는 것도 좋습니다. 당신이 직접 하거나 소개만 해줘도 됩니다. 전 당신이 관심을 품고 직접 그들을 안내할 수 있으면 좋겠습니다.

행어 정부지원금을 받아서 시작하려는 노력은 애초에 하지 마세요. 그런 것을 받으려고 그들이 요구하는 스펙을 준비하다 보면 결국 경쟁하고 있다는 것을 알게 될 테니까요. 자유롭게 시작하세요. 주변을 둘러보세요. 당신의 서비스가 필요한 사람들을 만나게 될 겁니다.

좋은 세무대리인 고용 방법

많은 신규 창업자들이 창업과 동시에 자신은 세무를 모르니 사업에 집중하기 위해서 믿고 맡길 세무대리인을 찾는다. 친절하고, 꼼꼼하고, 능력 있는 세무대리인을 찾는다. 단언컨대 세상에 그런 세무대리인은 없다.

왜냐하면, 처음이라 아무것도 모르는 초보 사장님에게 친절하고 꼼꼼할 수가 없기 때문이다. 기본적인 지식조차 없으니 무슨 말을 해도 알아듣지 못하는 데다가 부당한 요구만 해오기 일쑤다. 주변에 누구는 이렇다던데, 저기는 얼마라던데, 무조건 세금 적게 나오게 해달라는 둥 할 말을 잃게 한다.

거래처가 수백 군데가 넘는 세무대리인 사무실은 초보 사장 특히나 음식점 사장님을 제일 꺼린다. 이직률이 가장 높은 업종인 탓에 직원 관련 민원이나 업무 처리가 미어터지기 때문이다. 진상 직원을 만나거나 본인이 진상일 가능성도 크다. 세무대리인 처지에 보면 그렇다.

처음에 계약할 때는 잘해줄 것처럼 친절하지만 계속되는 어이없는 질문에 계속 친절할 수 있는 세무대리인은 없을뿐더러 바빠서 직접 통화조차 어렵다.

영세한 자영업자로서는 월 10만 원이 넘는 비용이 큰 것 같아 세무를 넘어 노무와 경리 관련 업무까지 요구하기도 하고, 세무대리인 시장도 경쟁이 치열하니 이게 관례처럼 됐다. 더더욱 친절할 수 없는 구조다. 업무량 대비 단가가 너무 낮기 때문이다.

좋은 세무대리인을 고용하는 방법은 뭘까? 답은 하나다. 스스로 세무 지식을 쌓아서 세무대리인과 대화가 되는 수준으로 올라서는 것이다. 모르고 맡기는 사람은 절대 좋은 세무대리인을 구할 수 없다. 오직 알고 부리는 사람만이 좋은 세무대리인을 고용할 수 있다.

굳이 처음부터 고용할 필요는 없지만, 법적으로 고용해야 하는 시점이 왔을 때 좋은 세무대리인을 고용하려면 신고기간 전에 증빙자료를 잘 준비해서 넘겨주고 최종 신고 전에 신고자료를 넘겨받아 누락 여부를 검토한 뒤 신고할 수 있도록 하는 것이다. 그러면 세무대리인은 저절로 좋은 세무대리인이 된다. 협상이 가능해지고 더 큰 비용을 지급하더라도 제대로 부릴 수 있게 된다.

청소년들의
놀이터

2019년 교육부 설문조사 결과, 1994년 이후 처음으로 청소년들의 관심사는 공부에서 직업으로 옮겨가고 있습니다. 대학진학이 삶의 모든 것이었던 그들이 이제 그 이후의 삶에 눈을 떴다는 것입니다. 일견 바람직하긴 하지만 또 더 큰 벽을 마주한 느낌이란 걸 알 수 있습니다.

그들은 고통스럽습니다. 지금 하는 공부가 무슨 의미가 있는지, 대학은 꼭 가야만 하는지, 어떤 직업을 가져야 하는지 고민입니다. 그런데 엄마는 여전히 일단 대학만 가랍니다. 지금은 아무 생각하지 말고 공부만 열심히 하랍니다. 그들은 숨 쉴 틈이 없습니다. 그들의 놀이터를 만들어 주는 것이 필요합니다.

어린애라고만 생각하면 안 되는 아이들이 많습니다. 학생 인권조례의 제정에 관심을 가졌던 학생들은 생각보다 많습니다. 그들은 투표권을 왜 만 18세로 할 수 없는지 궁금합니다. 아무 생각 없는 '어른이'들보다 훨씬 더 성숙합니다. 그들의 미래를 진지하게 고민하는 곳이 있으면 좋겠습니다. 그들의 멘토가 되어주세요. 잘 운영되지 않는 오래된 만화카페를 헐값에 인수하는 것도 좋겠죠. 당신이 추구하는 본질이 신간 만화책의 구비가 아니라면 말이죠. 그래서 본질을 잘 정해야 합니다.

그들의 미래에 진지한 물음표를 던지고 해결책을 찾아갈 수 있는 등대가 되어 주세요. 당신의 팬이 생길 거예요. 무조건 싸게 많이 보는 만화카페가 아니라 시간당 비용을 받는 '진로 고민 카페'가 되면 됩니다. 누적 포인트가 1만 점 이상 되면 상담쿠폰을 줍니다. 그러기 위해서는 처음 한두 명의 상담이 멋지게 이뤄져야 합니다.

공부와 상관없는 아이들이 더 좋습니다. 자신의 멋진 꿈을 가질 수 있도록 해주세요. 더는 방황하지 않도록 말이죠. 꾸준히 작업한 한두 명의 팬이 생기면 됩니다. 그들이 친구들에게 전파하는 영향력이 발휘돼야겠죠. 그러려면 당신부터 입시 따위와는 상관없이 미래에 대한 철학이 뚜렷해야겠죠? 그들에게 어떤 꿈을 줄 수 있을까요?

그들이 맘껏 떠들고 뛰어놀 수 있는 놀이터가 어두컴컴한 피시방, 노래방밖에 없어서야 되겠습니까?

책을 읽고 공부해야 하는 이유는 많습니다. 다양한 분야의 지식을 어떤 식으로든 응용할 수 있도록 해주기 때문입니다. 삶이든 사업이든 말이죠. 창업을 준비 중인 당신이 막연히 근거 없는 자신감으로 시작하지 않았으면 좋겠습니다.

도서관이든, 서점이든 출근하면서 차근차근 준비하세요. 처음이라 아무것도 모르는 초보 창업자라는 현실을 직시해야 합니다. 세상을 둘러보고 지금 내가 지치거나 질린 게 무엇인지, 그것을 해결하려면 어떻게 하면 좋을지 고민하면 됩니다. 앞서 예를 든 많은 문제점을 해결하는 방식들처럼 하면 됩니다.

정답은 없어요. 그러면 그러기 위해서 버려야 할 것들과 갖춰야 할 것들의 조합이 다양해지고, 사업의 방향성은 더 뚜렷해집니다. 불경기도, 외부환경도 웬만해선 당신을 막을 수 없습니다.

　그들과 얘길 나눠보세요. 그들이 필요한 것들은 많습니다. 청소년들이 직접 창업을 해버릴 수도 있겠죠. 아무것도 필요하지 않습니다. 누군가의 불편함을 보는 눈과 가볍게 시작할 수 있다는 자신감이면 충분합니다.

6

제대로 하라

초보에서 고수가 되는
과정을 거쳐라

가벼워지기 위해 모든 것을 버리고 다르게 시작한다고 해서 바로 고수가 될 수는 없습니다. 영화 〈엣지 오브 투모로우, 2014〉의 정훈장교 빌 케이지(톰 크루즈 분)처럼 말이죠. 운 좋게도 죽어도 특정 시점에 되살아나는 능력을 얻기 전에는 얼뜨기 신병에 지나지 않았습니다.

처음에는 어색한 첨단 전투 장비를 거추장스럽게 차려입고 시작했습니다. 총도 놓쳐보고, 칼도 놓쳐보고, 심지어 적을 눈앞에 두고 무기의 안전 장치도 풀지 못하고, 온갖 장비들을 다루는 데 서툽니다. 하지만 계속 죽었다 살아나기를 반복하면서 여러 방법으로 전투를 시도해 점점 능수능란해졌고, 죽어도 살아나는 능력을 잃은 후에도 고수가 된 덕분에 결국 외계인과의 전쟁에서 패망 직전의 지구 방위군을 승리로 이끕니다.

그런데 죽어도 되살아나는 능력과 마찬가지로 무한한 자본이 있어서 실패해도 계속 도전해 볼 수 있는 것도 아닌 영세한 자영업자가 첫 싸움부터 모든 걸 걸고 고수들 틈에 뛰어들어서 목숨을 걸고 싸우겠다는 건 그야말로 불을 보듯 뻔한 싸움 아닐까요? 빌 케이지는 죽어도 살아나지만, 자금이 부족한 당신은 큰돈을 들여서 창업했다가 한 번 싸워서 지면 끝입니다.

2017년 중소기업청 통계에 따르면 99만 명이 창업해서 3년 안에 84만 명이 폐업했습니다. 85%가 3년 안에 망한다는 거죠. 그런데 그중 다시 창업하는 경우 73%가 5년 동안 생존했습니다. 정말 놀랍습니다. 어떻게 그런 생존율이 나올 수 있을까요? 다만, 주목해야 할 지점은 재창업률이 7%에 지나지 않는다는 겁니다.

성공 확률이 첫 창업의 15%보다 재창업 때 5배나 높은데도 재창업을 하지 않는 이유가 뭘까요? 그건 안 하는 게 아니라 못하는 겁니다. 할 수가 없으니까요.

모든 걸 잃었기 때문입니다. 절대 실패하면 안 된다는 강력한 집착이 재기 불가능한 상태로 만들기 때문입니다. 무한한 자본이 없는 탓입니다. 대기업 회장은 좋아하는 자동차회사 만들었다가 실패해서 몇조 원을 날려도 죽지 않습니다. 그런데 우리 같은 평범한 사람들은 그렇게 할 수 없습니다.

그러므로 모든 걸 걸면 안 됩니다. 성장하는 과정이 필요합니다. 뛰어난 경쟁자가 별로 없는 한적한 곳에서 자신의 무기를 최대한 능숙하게 다룰 수 있을 때까지 훈련해야 합니다. 처음부터 고수가 될 순 없으니까요. 그곳에서 고수가 되면 결국 그곳이 최고의 상권이 됩니다. 골목식당에도 그런 뛰어난 실력을 갖춘 식당 덕분에 살아난 상권이 있는 것처럼 말이죠.

1 하나에 충분한 시간을 투자하라

여러 가지 일을 다 잘하려면 엄청나게 많은 시간이 걸립니다. 그런데 하나만 잘하려면 어떻게 될까요? 더 적은 시간이 걸릴까요? 그렇지는 않습니다. 어쩌면 더 오랜 시간이 걸릴 수도 있습니다. 그만큼 숙련도는 높아지고 더 제대로 할 수 있게 됩니다.

열 가지 일을 잘하는 것보다 한 가지 일을 잘하는 것이 더 쉽습니다. 하지만 더 오래 걸릴 수도 있고, 더 어려울 수도 있죠. 그만큼 열매는 어떤 것보다 답니다.

지금은 가지 않는 제가 좋아했던 돈가스 전문점에는 여러 가지 메뉴를 팝니다. 함박스테이크, 치즈돈가스, 왕돈가스, 메밀, 새우가스, 생선가스 등등…

그 많은 것을 준비하는 것보다 그냥 간판에 걸어 놓은 '수제 돈가스' 하나만 준비하면 어떻게 될까요? 함박스테이크를 위해 다진 고기를 준비하지 않고, 메밀 반죽을 하지 않아도 되고 삶지 않아도 되고, 새우를 손질하지 않아도 됩니다. 생선을 손질할 필요도 없습니다. 매출 기복이 있는 모든 식재료의 재고관리 부담을 떠안지 않아도 됩니다.

그 하나만을 더 잘하기 위해 어떤 고민을 하게 될까요? 아마 돈가스 등심 부위의 씹기 불편한 심줄을 제거할 시간이 더 많이 생길 테고, 돈가스 고기의 연육 작업에 더 많은 시간을 투자할 수 있겠죠. 소스를 더 맛있게 만들어 볼 연구 시간이 생깁니다.

회전율을 높이기 위해 어떤 전략을 세워야 할까요? 하나만 한다면 회전율은 저절로 높아지겠죠. 계속 튀기기만 하면 되니까요. 계산하고 앉으면 바로 나오는 돈가스를 먹고 일어서기만 하면 됩니다.

그러려면 어떻게 해야 빨리 많은 양의 돈가스를 튀길 수 있는지 시간을 들여서 공부해야겠지요. 전문가에게 가서 비법을 전수하든 책을 보든, 검색해 보든 말이죠. 굳이 반찬을 리필해 달라는 고객들 일일이 상대하지 말고 셀프로 바꿔버리면 됩니다. 당연히 반찬 가짓수는 하나만 해야겠죠.

고민하는 시간이 깊어질수록 품질은 더 높아집니다. 시스템은 더 효율적이겠지요. 아마 점심시간에 대기 줄이 생겨서 단골은 좀 더 불편해질 수도 있겠네요. 그러다 방송까지 한 번 타면 피곤해지겠죠.

그런데 너무 많은 것들에 신경 쓰느라 정말 중요한 것들은 계속 놓칩니다. 계속해서 바뀌는 아르바이트생의 미숙함과 불친절함, 계속해서 씹히는 질긴 심줄과 튀김옷에서 나는 냄새는 더는 가고 싶지 않은 식당으로 만듭니다. 이런 상황에서 메뉴를 하나로 줄이지 못하는 이유가 뭘까요?

그 답은 이제 충분히 알고 계시리라 생각합니다. 그 하나를 위해 충분한 시간을 투자할 수 없는 것은 너무 많은 것들을 준비하기 때문입니다.

거의 모든 식당의 롤모델이 되는 홍은동의 '연돈'은 메뉴를 스물한 가지에서 두 가지로 줄이기 전에는 하루에 그 유명한 치즈가스를 고작 3개밖에 준비할 수 없었습니다. 하루에 얼마나 팔릴지도 모르는 다른 모든 메뉴를 다 준비해야 했기 때문입니다.

하나를 위해 충분한 시간을 투자하는 것이 가능한 이유는 불필요한 모든 것을 버렸기 때문입니다. 충분한 시간을 투자하면 반드시 두각을 드러낼 수 있습니다.

그럼 충분한 시간은 얼마나 걸려야 하는 걸까요? 1만 시간의 법칙 아니며 10년? 충분하다는 계량할 수 없는 단어가 주는 거부감이 있을 수도 있습니다. 하지만 그렇게 오랜 시간이 걸리지 않습니다. 대부분 그렇게 오랜 시간이 걸리는 것들은 경쟁을 통해 우위를 점해야 하거나 선택받기 위해 특정한 기준을 통과해야 하는 경우가 대부분입니다. 학위나 전문분야의 일처럼 말이죠.

그런데 하나만 하면, 그 하나만 하기로 하는 순간부터 두각을 드러낼 수 있고, 집중해서 일관성 있는 결과를 내는 데는 그리 오랜 시간이 걸리지 않습니다.

노력 여부에 달렸겠지만 짧게는 3개월 길게는 1년이면 충분히 승산이 있습니다.

② 기본기를 갖춰라

무엇을 하든 상권 분석하고 자리부터 찾는 사람은 힘든 상황을 맞이할 수밖에 없습니다. 어디서 팔 건지부터 정하는 사람은 전혀 준비가 안 된 사람일 가능성이 큽니다.

주변 환경부터 보는 사람은 경쟁하는 방식을 택했으므로 유동인구와 상권이 중요할 수밖에 없습니다. 차별화가 전혀 안 되니까 일단 많은 사람의 눈에만 띄면 매출로 연결될 거라는 근거 없는 믿음에 기초해서 시작하려 합니다. 곧 힘든 상황에 직면하게 되겠죠.

그곳이 수십 개의 학교 앞이든, 수만 세대의 아파트 단지 앞이든, 수만 명이 오가는 오피스 상권이든, 관공서 앞이든 다르지 않습니다. 그래서 '어디 앞에 좋은 자리가 하나 났는데 뭘 팔면 좋을까요?'라는 질문은 기본기가 전혀 없기 때문에 가능합니다.

간혹 자리가 전부라는 확신에 찬 분들 계십니다. 그분들 말씀, 각자의 상황에 따라 맞을 수도 있습니다. 단지 자신의 기준으로 봤을 때 말이죠. 그런데 처음이라 아무것도 모르는 초보 창업자인 당신은 절대 아닙니다.

문제는 사람마다 잘하고 못하는 개인차가 있다는 것입니다. 그냥 있는 게 아니라 편차가 대단히 큽니다. 누군 됐다더라, 성공했다더라 하는 그들의 사례는 절대 당신과는 상관없습니다.

다코야키 맛에 반해서 장사를 시작한 분이 있었습니다. 1년이 넘었지만, 여전히 서툴고 부족했는데, 고작 1주일 연습한 연예인보다 뛰어나지 않은 것은 개인차가 있기 때문입니다. 손재주가 더 뛰어난 사람이 더 잘하고, 더 많이 노력한 사람이 더 잘하고, 더 즐기는 사람이 더 잘하겠죠. 이도 저도 아니라면 정말 힘든 상황이라고 봅니다.

개인차를 넘어설 수 있는 유일한 방법은 기본기를 갖추고 노력하는 것뿐입니다. 자신의 요리에 사용하는 기자재와 식재료의 기본적인 사용법과 성질 정도는 알고 시작해야 합니다. 시작했으면 알아야 합니다. 칼을 갈 줄도 쓸 줄도 모르고, 향을 내는 것과 튀기는 것의 차이도 모르고, 재료의 보관 관리 방법도 모른 채 냉장고에 넣을 줄만 아는 자세가 과연 바람직한 것일까요?

그래서 준비되기 전까지는 준비된 게 아닙니다. 그 준비의 기준은 뭘까요? 애초에 다르게 시작하는 것입니다.

단거리 육상선수와 초등학교 1학년이 시합을 합니다. 육상선수의 범위는 굉장히 넓습니다. 초등학교 반대표 선수부터 국가대표까지 말이죠. 그중 누가 당신의 상대가 될지 알 수 없습니다.

상권 분석 같은 거죠. 도대체 어떤 놈이 내 가게 옆에 뭘 차릴지 모르는 겁니다. 한 번도 해 본 적 없는 생초보인 당신이 그중 실력을 알 수 없는 누군가와 붙어서 이길 가능성은? 답이 됐나요?

당신은 철저히 평범한 보통사람이기 때문입니다. 여태 한 번도 해 본 적 없는 일을 그들보다 잘해낼 가능성은 제로입니다.

실제로 장사에 필요한 기본 기술은 이 책에서 알려주지 않습니다. 다양한 음식의 레시피, 조리법, 재료의 손질과 보관, 관리법, 장비 사용법 등에 관한 내용은 기본적으로 갖춰야 합니다.

배우고자 한다면 어디서든 배울 수 있습니다. 돈을 내고 고수에게 배우는 것이 가장 빠른 길입니다. 돈을 아끼려면 많은 시간과 시행착오를 또 그만큼 겪으셔야겠지요. 통상적으로 독학은 배우는 것보다 7배의 시간이 소요된다고 합니다. 지나치게 큰 비용이 들지 않는다면 돈으로는 1초도 살 수 없는 '시간'을 아끼는 쪽을 권하고 싶습니다.

하고 싶은 일이 있다면 굳이 유럽까지는 아니더라도 국내 유명한 맛집 백 군데 정도(?)는 다니면서 벤치마킹하는 열정은 가졌으면 좋겠습니다.

제가 강조하고 싶은 꼭 갖춰야 할 기본기는 자신만의 철학입니다. 중심가치입니다. 어떤 사장이 될 것인가 하는 철학이 바로 서야 흔들리지 않을 수 있습니다.

고객이 왕이 아닌 내가 왕인 사업이어야 합니다. 전 항상

이기적으로 사업해야 한다고 강조합니다. 고객 만족은 개뿔, 더 적게 일하고 더 많은 돈을 많이 버는 것이 우선입니다. 그들을 만족시키려면 우선 내가 만족하고 즐거워야 합니다. 자신을 위해 사업한다는 중심가치를 세우세요.

내가 만드는 음식을 먹고 싶은 사람이 많다고 온종일 수백 그릇의 튀김 덮밥을 팔고, 수백 그릇의 돈가스를 팔았다면 아마 지금의 온센덴돈이나 연돈 같은 가게는 없었겠죠. 아침 일찍부터 밤늦게까지 일하고 체력이 고갈되면 반드시 음식의 질은 떨어지고, 고객만족도도 떨어지고 결국엔 줄 서서 먹을 일은 없을 테니까요. 자신을 지키고 위하며 일하는 것, 그걸 잘 지키고 있는 가게들은 여전히 문전성시를 이루고 있습니다.

부대찌개만 파는 식당

초보 사장님이 아무것도 모르는 상태에서 포괄 양수 형태로 서른 평이 넘는 식당을 오픈했다. 허름했던 가게를 새롭게 단장하고 냉난방기도 규모에 맞게 새로 구입했다. 자금 여유가 없었는데 초기 투자비용이 제법 들어갔다.

무한닭갈비를 팔던 식당에서 닭갈비도, 부대찌개도, 치킨도, 생맥주도 팔고 싶은 사장님이셨다. 오픈한 지 두 달이 지나도록 매출이 부진한 상태에서 컨설팅을 의뢰했다.

닭갈비는 좋은 재료를 쓰고 싶었고, 부대찌개는 어디선가 전수했고, 치킨은 유명한 프랜차이즈 가맹점을 운영하는 지인에게 원가로 납품받아서 팔고 싶었다. 그렇게 맥주도 팔고 싶었다.

말도 안 되는 상황을 정리해야 했고, 자신 있게 하고 싶은 하나를 정한 것이 닭갈비였는데, 한 달 만에 포기했다. 단순화에 실패하고 재료 손실이 너무 컸기 때문이다. 변화를 준비하는 동안에도 매출은 부진했고 월세가 부담스러웠던 차에 운 좋게(?) 가게를 인수하고 싶다는 사람이 생겨서 처분했다. 시설투자금의 권리금을 거의 못 받고 쫓겨나다시피 나왔다.

몇 달간 절치부심한 끝에 비교적 좋은 조건으로 이탈리아 식당을 인수해서 재출발했다. 기존 고객을 위해 일부 메뉴를 유지하면서 천천히 부대찌개 전문점으로 변화해갔다. 첫 두 달간의 과도기를 거치면서 월세와 인건비를 겨우 맞출 정도였지만 자리를 잡아갔다.

매출이 차츰 늘고 부대찌개 하나만을 고집하다 보니 단골이 늘기 시작했다. 워낙 자금이 부족해서 매출이 부진한 기간엔 고통스러운 시간을 보냈고, 계속해서 메뉴의 단일화와 단순화에 관한 이야기를 나눴다.

1년이 채 지나지 않은 지금 그 사장님은 프랜차이즈 가맹점을 낼 준비를 하고 있다. 하나만 제대로 하는 것은 처음이라 잘 모르는 초보 창업자가 더 깊어지고 넓어지는 가장 쉽고 빠른 길이다. 요즘 사장님은 몰라볼 정도로 밝아지고 살 것 같다고 한다.

안 하기로 한 것은
끝까지 하지 마라

하나만 팔기로 했으면 어떤 경우에도 하나만 팔아야 합니다. 저 상품이 혹은 저 방식이 더 수익이 많이 난다고 더 쉽다고 그렇게 방향을 틀거나 더하면 정체성, 즉 하나만 제대로 하는 집이라는 가치가 사라집니다.

만약 다른 상품이, 다른 방식이 더 나을 것 같다면 새로운 곳에서 그것 하나만 또 새롭게 시작하면 됩니다. 무슨 소린가 싶을 수도 있겠습니다. 원칙을 정했으면 어떤 경우에도 예외를 두지 말라는 겁니다.

어떤 이유에서건 생면으로 크림파스타 하나만 팔기로 했다면, 어느 누가 요구하더라도 그게 더 쉽고 더 많이 남는다고 토마토소스 파스타는 팔면 안 된다는 얘깁니다. 반드시 선택권을 박탈한다는 굳은 신념 하나는 지켜야 합니다. 설령 대통령님 아니 대통령님 할아버지가 와서 요구하더라도 말이지요.

어느 특정 누구든 연회비를 받지 않거나 할인해 준다면 더는 코스트코는 코스트코가 아닙니다. 이제는 연돈에서 누구도 예전에 팔았던 새우가스나 튀김우동을 요구하지 않는 것처럼 말이죠. 오늘 하루만 특별히 110인분을 팔지 않는 것처럼 말이죠.

예외 없는 법칙은 없다고 그랬던가요? 그건 그들의 얘기지 세상에 없던 특별한 사업을 구축하려는 당신의 얘기는 아닙니다. 예외는 없습니다. 그게 반드시 지켜야 할 예외 없는 룰입니다.

가끔 메뉴도 많은데 잘되는 식당을 예로 들면서 초보인 당신에게 다양한 메뉴를 추천하는 사람이 있다면 멀리하세요. 바보라면 다행이지만 사기꾼일 가능성이 농후합니다. 초보자는 많은 일을 할수록 실패할 확률이 매우 높아집니다.

안 하기로 한 것을 끝까지 하지 않는 것은 엄청나게 어려운 일입니다. 계속해서 반대하거나 부추기는 사람은 생길 테고 자신의 철학을 지킨다면 외골수라는 비난과 한심하다는 비웃음을 당할 각오 정도는 해야 할 수도 있습니다. 그것도 가장 가까운 사람에게 상처를 받을지도 모릅니다. 저는 이를 창업하면서 만나는 역풍이라고 부릅니다.

반찬이 왜 하나밖에 없냐, 국은 왜 없냐, 술은 왜 안 파냐, 이건 왜 없냐, 저건 왜 안 하느냐, 그래서야 장사가 되겠냐, 왜두 시간밖에 영업을 안 하느냐, 왜 저녁 장사를 안 하느냐, 왜점심 장사를 안 하느냐는 수많은 질문과 간섭에 흔들리지 않고 달콤한 유혹을 쉽게 떨쳐버리기 위해서는 중심을 단단히붙들어 매야 합니다.

어떤 동력도 없이 오직 바람으로만 움직이는 요트는 순풍보다 역풍에 더 빠른 속도로 나아갈 수 있습니다. 물론 역풍에 능숙한 선수여야겠지요. 순풍에만 익숙한 사람은 역풍이불면 당황하고 뒤집히거나 돛대기 부리질 수도 있습니다. 다시는 항해할 수 없을지도 모릅니다. 그래서 역풍에 익숙해지는 것이 오랫동안 장사를 안정적으로 운영할 수 있는 가장 확실한 방법입니다.

한 가지 더. 요트는 측면에서 부는 바람에 옆으로 밀리지 않습니다. 왜냐하면, 요트는 노를 저어서 가는 일반 무동력선과 다르게 센터보드라는 중심 판을 물속 깊숙이 드리우고 있기 때문입니다. 요트와 같이 앞으로 나아가면서 계속 만나게 될 거센 역풍과 같은 상황에서 물러서지 않기 위해서는 자신만의 중심가치인 센터보드를 마음속 깊이 튼튼하게 드리우고 있어야 합니다.

처음에 반대하는 모든 사람에게 안 하기로 한 것을 끝까지 하지 않을 거라는 확신을 심어주는 데 역시 시간이 필요합니다. 처음엔 두고 볼 겁니다. 네까짓 게 그렇게 얼마나 가나 두고 보자는 마음으로요. 그들은 당신이 제풀에 지쳐 포기하길 바랍니다. 그래도 끝까지 버티면서 안 하기로 한 것을 하지 않으면, 결국 지켜보던 자들이 포기하고 당신의 편이 됩니다. 그 시간도 몇 개월이면 충분합니다. 당신의 강력한 의지를 보여주세요.

그런 변하지 않는 의지를 확인한 순간부터 당신을 비난하던 역풍들이 당신의 열렬한 지지자가 되는 짜릿한 순간들을 느껴보길 바랍니다.

퍼스트 무버보다
패스트 팔로어가 돼라

언제부턴가 돼지김치구이라는 메뉴를 파는 식당들이 생겨나기 시작했습니다. 이름이 생소하죠. 제육볶음과 비슷한 음식일까요? 비슷한 상호를 가진 가게는 많습니다. 서울에도 부산에도 군데군데 있습니다. 서로 원조라고 하기도 합니다.

누가 먼저인지는 상관없습니다. 돼지김치구이도 파는 곳처럼 여러 가지 메뉴를 가진 식당도 있지만, 돼지김치구이만 파는 것으로 승부를 내는 식당들이 있다는 것입니다. 딱히 프랜차이즈도 아닌 그들의 공통점은 세 가집니다.

첫째는 줄 서서 먹어야 한다는 것. 둘째는 대단히 특별한 맛이 있는 건 아니라는 것. 그리고 셋째는 유일한 식당도 아니라는 것입니다.

그들은 다만 경쟁하지 않는 방식을 택한 것일 뿐입니다. 불과 5km 밖에서 같은 메뉴를 파는 다른 식당이 있다 하더라도 상관없습니다. 그 안에서 그것만 파는 집은 그 집 하나뿐이기 때문입니다.

돼지김치구이를 먹고 싶은 사람은 돼지김치구이와 유사한 제육볶음이나 두루치기도 파는 식당보다는 딱 돼지김치구이만 파는 식당을 찾게 될 거라는 거죠. 굳이 그 이름을 몰라도 그거 하나만 하는 집이라는 것만으로도 충분히 발길을 멈추게 할 수 있습니다.

세상에 경쟁하지 않는 사업이 어딨느냐고 합니다. 많습니다. 관심을 가져 보면 말이죠.

어디서나 파는 같은 음식을 팔아도 경쟁하지 않는 방식을 택하기만 하면 됩니다. 그냥 그것 하나만 파는 겁니다. 그냥 하나만 팔면 고민할 수밖에 없습니다. 어떻게 하면 더 쉽고 더 맛있게 조리할 것인가. 더 버릴 것은 없는지, 좀 더 예상외의 감동을 줄 수 없을지. 하루에 몇 인분만 팔 것인지. 그 답을 찾는 시간을 가지면 됩니다.

무엇을 팔든 상관없습니다. 그게 뭐든 아무렴 어떤가요? 경쟁하지 않는 사업을 할 수 있는데요? 그러면 비싸게 팔아도 됩니다. 마진요? 엄청납니다.

하나만 하면 말이죠, 그 하나를 제대로 하지도 않는데도 줄을 섭니다. 그런데 제대로 하기까지 하면 어떻게 될까요? 그러면 유동인구가 하나도 없어도, 지하여도 심지어 10층이어도 상권은 상관없습니다.

추운 겨울바람이 불던 12월의 어느 날, 안양에서 가족과 함께 여행 삼아 부산으로 상담하러 온 분이 있었다. 16년간 직원으로 일하면서 파스타만 만들었다는 주방장이었다. 그 분야에서는 나름대로 전문가였다. 그는 6살, 4살 자녀를 위해서라도 더는 하루 12시간 이상씩 직원으로 일하고 싶지 않아서 창업을 준비한다고 했다.

업계에 오래 있다 보니 창업을 시도한 많은 선후배가 있었고 친한 선배에게 자문했다. 월세가 120만 원, 200만 원인 두 곳이 있는데, 어디서 시작하면 좋을지 물었단다. 무리가 되더라도 월세가 비싼 곳이 아무래도 매출에 도움이 된다는 답변을 들었다. 마음이 기울던 차에 '구석진 곳에서 가볍게 시작해야 한다' 라는 글을 읽고 찾아왔다.

그는 4,000만 원의 자본금이 있었고, 집을 담보로 3,000만 원 정도를 추가로 대출받아서 식당을 시작할 계획이었다. 세 시간 동안 얘기를 나누고 연신 고맙다는 인사와 함께 헤어졌다. 그리고 그는 집으로 돌아가서 알아보던 모든 계획을 덮고 다시 시작했다. 세무 공부도 병행했다.

16년 경력의 모든 자신감을 내려놓고, 단일 메뉴에 관한 공부를 다시 시작했다. 그 뒤 지난 6월 초, 안산 고잔동에 보증금 500만 원, 월세 50만 원의 작은 식당을 오픈했다. 물론 무권리였다.

혼자 요리하고 서빙할 수 있는 최적의 시스템을 고민했고 내부에서 서빙이 가능한 ㄷ자 형태의 테이블을 갖추고 시작했다. 생면파스타 전문점이 되었다.

16번의 여름 만에 시원한 여름을 보냈다고 알려왔다. 모두가 안 된다고 손사래 치는 그 길을 기어이 간 사람들은 지금껏 경험해 보지 못한 놀라운 세상을 만나게 된다.

7

외식업 밖에서 벌어지는
하나만 제대로

탈장 하나만 치료하는,
숄다이스 병원

세상에 수많은 병·의원이 있습니다. 그곳에 종사하는 사람들은 대부분 전문가라는 타이틀을 달고 있습니다. 아주 오랫동안 같은 일을 해 온 사람들이죠. 하지만 그 수많은 병·의원에 종사하는 개개인을 자세히 살펴보면 그들은 전문가라기보다 그 안에서 경쟁하는 일반인일 뿐이라는 것을 알 수 있습니다. 왜냐하면, 그들은 대부분의 죽어가는 자영업자들과 다르지 않기 때문입니다.

너무 많은 것들을 하고 있습니다. 어디서든 언제든 받을 수 있는 치료를 제공하고 있는 것입니다. 그런데 딱 탈장 하나만 제대로 하는 병원이 있습니다.

솔다이스 병원이 만약 더 많은 환자를 받으려고 탈장, 비만, 대장, 합병증까지 치료하는 경영 방식을 택했다면 세계에서 가장 유명한 병원이 될 수 있었을까요?

솔다이스 병원은 탈장을 제외한 모든 메뉴를 버리고 적극적으로 결핍을 선택했습니다. 탈장 하나만 제대로 치료하는 병원으로 거듭났습니다. 솔다이스 창립자는 오로지 탈장 하나만 제대로 하기 위해 어떤 고민을 했을까요?

탈장 환자는 수술 후 적당한 운동을 해야 회복이 빨라진다는 점을 어떻게 적용할 수 있을지 답을 찾아냈습니다. 그건 수술 중 의사와 환자가 대화를 나눌 수 있을 정도의 부분마취였습니다. 절개 부위의 봉합은 실과 바늘이 아니라 철제 클립을 선택했습니다.

엘리베이터를 수술 당일 한 번만 탈 수 있고, 저녁 식사도 수술 당일만 병실에서 먹을 수 있으며, 하루 두 번 단체 체조에 의무적으로 참석하고 스스로 씻어야 하는 어처구니없는 규정들이 있습니다.

그러면 이런 어처구니없는 규정들로 환자를 못살게(?) 구는 병원을 환자들이 규탄하고 절대 찾지 않을까요? 천만에요.

훨씬 더 많은 환자가 훨씬 더 먼 곳에서 찾아옵니다. 전 세계에서 말이죠.

그렇게 많은 환자가 찾다 보니 의사가 10명뿐인 병원의 수술 건수가 다른 병원에 비해 10배 이상 많아졌습니다. 근무 강도는 훨씬 세지만, 그만큼 속도도 빠릅니다. 어떻게 그럴 수 있었을까요? 그렇게 되고자 숄다이스 창립자는 어떤 고민을 했을까요?

의사, 간호사, 그리고 직원들의 고강도 근무 여건을 개선하기 위해 또 전체 지출의 80%에 달하는 인건비를 줄이기 위해 어떤 고민을 했을까요?

그들은 답을 찾았고 세계 최고의 탈장 전문 병원이 되었습니다. 그들의 이런 고민은 바로 탈장 하나만 제대로 치료하기로 결정했기에 가능했습니다.

이제 여러분의 문제로 돌아가 봅시다. 당신은 무엇을 팔고 싶은가요? 당신은 세계 최고가 되고 싶은가요? 그러려면 어떻게 해야 할까요? 어디서든 또 언제든 구할 수 있는 남들이 다 파는 상품을 팔아야 할까요?

병원도 한의원도 이제는 하나만 제대로 치료하는 곳이 엄청나게 생기고 있습니다. 성조숙증 전문 한의원, 비만 전문 병원, 어깨전문 병원, 무릎전문병원, 중독전문병원, 눈 전문 한의원이 있습니다.

만약 하나를 제대로 하기 시작하면 그래서 더 많이 고민하고 문제점을 발견하고 해결책을 찾게 된다면 솔다이스 병원처럼 더 많은 고객이 수십 km 혹은 수백 km 밖에서도 찾아오기 시작합니다.

영업시간과 인원에 제한을 둡니다. 고객들은 애가 탑니다. 숙박시설이 필요할 수도 있겠죠. 그럼 또 먹어야 하니까 식당도 생기겠네요. 그러다 관광명소도 될 수 있겠지요. 그래서 세계 최고가 될 수 있습니다.

세상은 이제 점점 하나만 제대로 하는 사람들이 늘어갈 겁니다. 터무니없이 많아지지는 않겠지만요. 꼭 제가 그런 얘길 하고 다녀서가 아닙니다. 이제 그런 세상이 오고 있기 때문입니다.

빨리 시작하는 게 정답입니다. 선점 효과 덕분에 후발주자에게는 진입장벽이 됩니다.

대장 하나만, 위 하나만, 췌장 하나만, 간 하나만 잘하는 병원. 어깨, 무릎, 손가락, 팔꿈치, 목, 고관절 딱 거기만 치료하는 병원. 뇌졸중, 고혈압, 비만, 성장호르몬, 무좀, 코골이 딱 하나만 치료하는 병원이 있다면 거기는 분명 엄청난 유명세를 치르게 될 것입니다.

초등 남아만 받는, 자라다 남아 미술학원

수많은 미술학원이 있습니다. 그런데 6~13세의 남자아이만 다닐 수 있는 특별한 미술학원이 있습니다. 에너지가 넘치고 좌충우돌에다 ADHD 진단을 받을 정도로 활발한 초등학교 남아를 둔 엄마들의 고단함에 관심을 가진 대표는 처음에 재료비만 받고 방문교습으로 시작했습니다.

남아와 여아의 차이점에 집중하고 오지 남아만의 특화된 교습법을 고민했던 그는 방법을 찾았고, 아이가 달라졌다는 입소문을 타면서 고객이 늘어나는 과정을 거쳤습니다.

주말에 쉬는 미술학원을 하루만 빌려 쓰면서 시작했습니다. 학생 수가 늘어나면서 특정일 특정 공간을 빌려 쓰던 단계에서 자신의 학원을 운영하기에 이르렀습니다. 지금은 전국에 수십 개의 프랜차이즈를 둔 거대한 브랜드가 되었습니다.

교육철학을 함께하는 사람에 한해서 까다롭게 가맹점을 내주고, 다른 어떤 미술학원보다 비싸지만, 학원에 등록하려는 대기인원이 언제나 있으며, 체험학습 한 번을 하는 데도 사전 예약을 해야 하고 5만 원 전후의 비용을 지급해야 합니다. 그마저도 한 달은 기다려야 하는 엄청난 팬덤을 형성했습니다.

지역마다 분점을 내어 달라고 아우성입니다. 분점이 개원된다는 공지가 뜨는 동시에 마감입니다. 세상 어떤 미술학원도 이루지 못할 거대하고 견고한 성벽을 쌓고 진입장벽을 만들어 버린 본질은 애초에 다르게 시작했기 때문입니다.

미술학원은 대부분 원생을 받을 때 성별과 나이에 제한을 두지 않습니다. 학교에서 멀지 않은 상가에 비싼 임대료를 주고 멋진 인테리어를 갖춘 화실을 준비합니다. 당연히 학생들을 태워 나르기 위해 차량운행을 합니다. 그리고 각종 미술대회에서 입상을 목표로 수업을 준비합니다. 대입을 위한 스펙 쌓기에 초점을 맞춰야 하니까요.

그런데 남아 미술학원은 애초에 그 모든 것을 원하는 고객을 버리고 시작했습니다. 여자아이를 버렸습니다. 그리고 대화와 소통이 어려운 미취학 아동과 초등학생 이상의 청소년을 포함한 연령대 모두를 버렸습니다. 오직 초등학교 남자아이에만 집중했습니다. 모두가 준비하는 미술학원도 준비하지 않았습니다. 차량은 당연히 없었죠.

어떤 식으로든 학원을 운영하거나 해본 사람은 차량운행이 얼마나 많은 시간과 에너지를 소모하게 하는지 압니다. 아예 외주화를 선택하는 분들도 많습니다. 그런 불필요한 낭비를 버릴 수 있었던 것은 애초에 본질에 집중했기 때문입니다.

그가 이룬 거대한 왕국은 아주 작은 불편함을 발견하고 그 불편함을 해결해 줄 자신만의 해법을 찾음으로써 시작된 결과입니다. 자신이 발견한 것은 작았을지언정 남자아이 때문에 골머리를 앓는 엄마들에겐 결코 작은 불편함이 아니었던 겁니다. 왜 사업을 하려는가는 이렇게 중요합니다. 그래서 어떻게 풀어나갈 것인가를 고민하면 답이 보입니다.

이처럼 사업은 오직 하나에 집중할 때 거대한 성공을 이룰 수 있습니다. 일반 학원들도 단순화는 얼마든지 가능합니다. 영어, 수학, 국어, 논술, 과학 모두를 가르치는 학원도 있습니다. 초중고 모든 연령대를 가르치는 입시학원도 있습니다.

그들은 왜 자신들이 힘겹게 홍보하고 경쟁하는지 모릅니다. 버리지 못하기 때문입니다. 자신의 스펙도, 학원도, 학생도, 과목도, 차량도 말이죠. 모든 걸 버리고, 불편함만 찾아 하나만 제대로 할 수 있다면 거대한 사업이 될 수 있습니다.

선택권을 박탈한 맞춤 정장, 아이수트

기성복이 불편한 분들을 위한 양복점들이 있습니다. 맞춤 정장을 선호하시는 분들이 있기 때문입니다. 맞춤 정장은 개인의 취향에 따라 모든 선택을 할 수 있습니다. 옷감부터 전체적인 디자인, 카라 각도, 모양, 소매의 단추 개수, 앞 단추의 형태와 개수, 뒤트임 모양, 좌측 가슴 포켓 형태, 바지 디자인까지도 정할 수 있습니다. 그런데 그 모든 선택권을 박탈한 맞춤 정장 서비스가 있습니다. 바로 아이수트입니다.

아이수트는 맞춤 정장을 구입하려던 창업자의 불편함에서 시작됐습니다. 그 모든 것을 선택하는 게 너무 힘들었던 창업자는 새로운 아이디어가 떠올랐습니다. 회사에서 정해주자.

옷감과 디자인을… 고객은 5분 정도의 시간을 내서 오직 신체 치수만 재고 돌아가면, 며칠 후에 맞춤 정장을 받을 수 있는 서비스를 해보자고 생각했습니다.

창업자는 패션업계에 종사하던 사람은커녕 디자이너도 아닙니다. 다만 정장을 맞추면서 모든 걸 선택해야 하는 불편함을 느꼈던 고객이었을 뿐입니다. 그런 그가 새로운 창업아이디어를 말했을 때 사람들은 모두 비웃거나 손가락질했습니다. 말도 안 되는 소릴 한다고 말이죠.

세상의 모든 새로운 것들은 항상 그렇게 욕을 먹고 시작했습니다. 저도 기존 자영업자들에게 말도 안 되는 소리 하지 말라는 워낙 많은 욕을 먹고 있기 때문에 뭔가 들뜬 기분이 들기도 합니다.

자율주행 자동차의 공유시대가 얼마 남지 않은 지금에서는 상상도 못 할 일들이, 자동차가 처음 생기기 시작할 무렵에는 너무 흔한 일이었습니다. 시끄러운 엔진 소리 때문에 말이 놀란다고 운행을 못 하게 했을 정도였으니 말이죠. 말보다 빨리 달릴 수 있는 탈 것이 생길 것이라고는 상상도 못 했던 것처럼 선택권을 박탈한 맞춤 정장은 대부분 사람에겐 외면받았습니다.

하지만 똑같은 불편함을 느낀 사람들이 있었습니다. 선택 장애가 있는 많은 사람이 호응해줬습니다. 수천 명, 수만 명일 필요는 없습니다. 딱 열 명이 필요했습니다. 선택권을 박탈한 맞춤 정장을 입고 싶은 사람을 찾아 나섰습니다.

정장 한 벌과 맞춤 셔츠 한 벌에 110만 원입니다. 적게는 30만 원에서 많게는 70만 원 정도면 무난한 양복 한 벌을 입을 수 있던 기존 맞춤 정장과 비교하면 다소 비싸 보입니다. 하지만 선택권을 박탈한 맞춤 정장에 매력을 느끼는 고객 처지에서는 선택에 따르는 시간과 에너지에 비해 부담스럽지 않은 가격일 수도 있습니다.

그렇게 기존 정장보다 다소 비싼 110만 원의 선불을 내고 맞춤 정장을 받을 때까지 기다려 줄 열 명을 찾는 데 6개월이 걸렸습니다. 창업자는 그동안에도 계속해서 옷감과 디자인에 관한 공부를 계속했습니다. 그리고 그 돈을 밑천으로 이탈리아와 일본의 옷감 시장에 현지 조사를 다녀왔습니다. 굳이 패션과 디자인 관련 대학을 졸업하고 관련 업계에서 10년 이상의 경력을 쌓아야만 할 수 있는 일이 아님을 알았기에 가능한 일입니다. 스펙에 관한 고정관념을 버렸기 때문입니다.

수개월 만에 디자이너를 찾았고, 트렌드를 버린 맞춤 정장

디자인을 완성했습니다. 그러고 나서 맞춤 정장을 전문으로 하는 재단사 몇 분을 만나 협의했습니다. 정해진 옷감과 디자인으로 고객의 신체 치수만 재서 재단하는 조건으로 협업할 거래처를 찾았습니다.

그들 대다수 역시 맞춤 정장의 시스템으로서는 말도 안 되는 조건이었기에 손사래를 쳤습니다. 하지만 뜻을 같이하는 파트너는 찾았고 드디어 초기 고객들은 정장을 입을 수 있게 되었습니다.

고객들은 모임에 아이수트를 입고 갔고, 주목받았습니다. 그렇게 아이수트는 조금씩 맞춤 정장 시장에서 이름을 알려갔습니다. 초기 모델은 마무리되고 두 번째 모델을 출시했습니다. 다른 옷감과 디자인의 정장 두 벌과 맞춤 셔츠 2벌에 220만 원. 여전히 비쌌지만 중견 기업 간부들 사이에서 인기가 높아지자 더 많은 고객이 찾아옵니다. 수공예 가죽 가방과 구두 한 켤레를 포함한 세 번째 모델은 330만 원에 출시됐습니다.

현재는 각기 다른 네 벌에 660만 원에 판매하는 맞춤 정장 서비스 아이수트는 애초에 불편함으로 시작했고, 제조업임에도 돈 한푼 들이지 않고 시작한 창업 사례가 됐습니다.

지금까지 살아오면서 불편한 것들이 무엇이고, 그 불편함을 해결하고자 창업을 작정한다면, 가볍게 시작하기 위해서 버릴 수 있는 것들이 무엇일지 고민한다면 창업은 그렇게 어렵게만 생각할 문제는 아닙니다.

덮밥이든 죽이든 비빔밥이든 뭐든 딱 하나만 잘하는 식당이 있다면, 드라이든 파마든 가모든 염색이든 딱 하나만 잘하는 미용실이 있다면, 빌라든 주택이든 임대든 매매든 딱 하나만 잘하는 부동산 업자가 있다면, 영어든 수학이든 미술이든 음악이든 특정 학년, 특정 성적군 딱 하나만 잘하는 학원이 있다면, 음식이든 물건이든 특정 상품 딱 하나만 잘 만드는 제조업자가 있다면 그는 거대한 사업을 시작하고 있는 것입니다.

비록 구석진 곳에 허름하게 차린 곳일지라도, 사무실 하나 없이 카페를 전전할지라도, 변변한 교실 하나 없을지라도, 당신의 가치를 알아주는 고객은 넘쳐나게 될 것입니다.

단일 메뉴 하라: 백종원 메뉴판 연구

당신이 만약 창업을 계획하고 있다면 이 책을 읽고, 무엇을 준비해 나가야 할지, 무엇을 더 버려야 할지, 성공하는 창업을 위한 지혜와 용기를 얻을 수 있다면 저로서는 더없는 기쁨일 것입니다.

창업을 준비하는 많은 분과 기존의 사장님들에게 많이 배우고 때로는 가르쳤습니다. 해결하고 싶은 문제점이 무엇인지, 왜 그토록 힘든 상황에 빠지게 됐는지 배웠고, 비용을 들이지 않고 어떻게 해결하고 시작해야 하는지 가르쳤습니다.

기존 자영업자들의 문제점을 지나치게 부각하는 부분에서는 다소 불편할 수도 있겠습니다만 본질은 그들이 살아가는 고통스러운 삶의 전철을 밟지 않기 위해 애초에 다르게 시작할 수 있기를 바란 데 있습니다. 그 점 널리 헤아려 주시기 바랍니다.

존경하는 작은 교회의 목사님 설교 중에 기억에 남는 구절이 있습니다. 누군가의 잘못을 곁에서 끊임없이 꾸짖는 것은 마치 바닷가에 앉아 작은 바가지로 물을 퍼내는 것과 같다. 아무리 떠들어도 그들은 변하지 않을 것이며, 스스로 변하기만을 바랄 뿐이라고 하셨습니다.

창업을 준비하는 여러분들은 애초에 개선하기 어려운 상태로 가지 않으시길 바랍니다. 그래서 이 책에서는 모든 걸 버리고 가볍게 오직 하나만 제대로 하는 창업가가 되는 방법과 이유를 정리해 봤습니다.

그간 온라인 커뮤니티에서 칼럼을 쓰고 다듬으면서 함께 하고자 하는 마음과 도와주고 싶은 마음들을 담아 나름대로 실어 보고자 애썼지만 부족한 점도 많으리라 생각합니다. 우연히 이 책을 집어 들었지만, 뜻밖의 커다란 깨우침을 얻고 경쟁하지도, 외부환경에 영향을 받지도 않는 멋진 창업을 하고 행복한 삶을 찾을 수 있다면 더는 바랄 것이 없을 것 같습니다.

창업을 준비해야 하는 당신의 건투를 빕니다.